Opinion

DE

M. CRISTOPHE,

SUR LES PROHIBITIONS

ET

LA LIBERTÉ DU COMMERCE.

PAR M. BOUCHER DE PERTHES.

Première Partie.

DEUXIÈME ÉDITION.

PARIS.

TREUTTEL ET WURTZ, LIBRAIRES,

RUE DE LILLE, N° 17.

M DCCC XXXI.

hommage de
l'auteur a mad.
Picard-jourdain

OPINION

DE

M. CRISTOPHE,

SUR LES PROHIBITIONS

ET

LA LIBERTÉ DU COMMERCE.

PAR M. BOUCHER DE PERTHES.

PREMIÈRE PARTIE.

Deuxième Édition.

PARIS.

TREUTTEL ET WURTZ, LIBRAIRES,

RUE DE LILLE, N° 17.

1831.

Opinion

DE

M. CRISTOPHE.

Première Partie.

Il y avait autrefois un très bon peuple, habitant un très beau royaume, dont j'ai oublié le nom. Ce peuple était gouverné par un très bon prince, qui avait un très bon ministre. Le prince faisait pour le mieux, le ministre faisait pour le mieux, le peuple faisait pour le mieux, et cependant, si tout n'allait pas absolument mal, rien n'allait précisément bien ; le peuple souffrait, le prince pestait, et le ministre disait : « Comment se fait-il, lorsque nous raisonnons tous si bien, que tout n'aille pas mieux encore? Quand je suis arrivé au ministère, j'ai trouvé ce pauvre peuple au bord de l'abîme; l'étranger allait lui fournir des habits moyennant quelques tonneaux de vin qui, faute d'être bu, aigrissait dans la cave; je me suis dit : Ne souffrons pas cela, pourquoi ce bon peuple se ferait-il habiller par l'étranger lorsqu'il peut s'habiller lui-même? Ne laissons donc pas entrer les habits, il sera bien forcé d'en faire, à moins qu'il ne préfère aller tout nu. »

A cela, M. Cristophe, vigneron, l'orateur de la troupe, répondait : « Mais, monseigneur, je sais faire du vin et je ne sais pas faire d'habits. » — « Eh bien! M. Cristophe, vous apprendrez à en faire. » — « Mais, monseigneur, pendant que je ferai des habits, je ne ferai pas de vin; je suis vigneron, et je ne veux pas être tailleur : que vous importe le métier que je fais, pourvu que je paie patente? Vous voulez que je n'aille pas nu, parce que je pourrais m'enrhumer; je remercie votre excellence de sa sollicitude; mais comme je m'intéresse à ma santé pour le moins autant qu'elle, je puis l'assurer que, si elle veut me laisser faire mon vin et le débiter comme je l'entends, j'aurai des habits tout aussi bons que si je les avais faits moi-même, et encore meilleurs, car, ainsi que je le disais, je sais faire du vin et je ne sais pas faire d'habits, et je ne sache pas qu'aucun vigneron, depuis la feuille de vigne, ait confectionné lui-même son vêtement. »

— « Mon ami, répondait son excellence, vous parlez comme un égoïste ; votre voisin n'a pas de vignes, et s'il ne récolte pas de vin pour avoir des habits, il n'en aura donc point ? »

— « Pardon, monseigneur, mon voisin fera ses habits. » — « Mais comment pourra-t-il les faire, si l'étranger lui en fournit ? » — « Eh bien ! monseigneur, si l'étranger lui en fournit, il n'aura pas besoin d'en faire. » — « Mais l'étranger ne lui en fournira pas pour rien. » — « Alors mon voisin fera quelque chose pour avoir des habits. » — « Eh ! malheureux homme que vous êtes, l'étranger les lui fera payer trois fois plus cher qu'ils ne valent ! » — « Alors mon voisin les fera faire par un autre. » — « S'il ne trouve pas cet autre ? » — « Alors il fera ses habits lui-même, car il s'apercevra bien, sans que votre excellence l'en avertisse, s'il lui en coûte moins cher à les faire qu'à les acheter. » — « Mais comment les fera-t-il ? » — « C'est encore l'affaire de mon voisin : il a deux bras comme l'étranger, il a aussi une tête comme lui ; s'il y a tant soit peu de cervelle dans cette tête, il fera comme l'étranger et je lui donnerai ma pratique. S'il n'y en a pas, ce n'est ni la faute de votre excellence ni la mienne, et comme il n'est pas plus juste que je souffre pour lui qu'il le serait qu'il souffrît pour moi, vous ne devez pas m'empêcher de vendre mon vin pour qu'il apprenne à faire des habits. »

— « Mais, mon ami, ne doit-on pas faire quelques sacrifices à l'intérêt général? » — « L'intérêt général, monseigneur, se compose des intérêts particuliers. Mon intérêt est l'intérêt général comme celui de mon voisin, ou plutôt l'un ne l'est pas plus que l'autre, chacun a le sien ; et si, en favorisant celui de l'un, vous froissez celui de l'autre ; si, pour en enrichir deux, vous en ruinez trois, il vaut mieux que vous laissiez chacun faire ses affaires soi-même ; et soyez sûr qu'il les fera, qu'il n'ira pas chercher loin ce qu'il trouvera près, qu'il n'attendra pas qu'on lui apporte ce qu'il pourra avoir chez lui et sans attendre, qu'il ne s'adressera pas à l'étranger quand il trouvera de meilleures conditions chez son compatriote, enfin qu'il n'achètera pas cher ce qu'il pourra avoir à bon marché. » — « Je n'en sais rien, mon bon ami, je n'en sais rien ; les peuples sont comme des enfans, ce sont des mineurs dont nous sommes les tuteurs et que nous devons guider jusqu'à ce qu'ils soient assez grands pour marcher et assez forts pour travailler. » — « Monseigneur, le moyen de les faire marcher n'est point de les enchaîner ; on ne travaille pas facilement avec les fers aux pieds et aux mains, c'est-à-dire avec les prohibitions à l'entrée et à la sortie. Quand un peuple ne fait rien, ce n'est jamais parce qu'il est libre de faire, mais ordinairement parce qu'il ne l'est pas. »

— « Eh ! M. Cristophe, il ne s'agit pas ici de vous empêcher de faire et encore moins de vous enchaîner. Ces prohibitions contre lesquelles vous criez tant ne sont établies que dans l'intérêt même de la liberté ; elles n'ont d'autre but que de vous aider, de vous protéger contre l'étranger. » — « Oui, monseigneur, à peu près comme le bât protége l'âne contre les mouches. » — « Voilà de l'ingratitude, M. Cristophe ; vous savez fort bien que les prohibitions ne rapportent rien à l'état et me donnent à moi beaucoup d'embarras et de soucis. Ce que j'en fais, M. Cristophe, je le fais pour vous nourrir, pour vous enrichir ; si je ne le faisais pas, où en seraient l'agriculture, le commerce, les manufactures? Qui travaillerait dans ce malheureux pays ? Quel mobile assez puissant y éveillerait l'industrie? »

— « Et la nécessité, monseigneur, la comptez-vous pour rien? ne faut-il pas que je vive? La bizarre manie des excellences d'aujourd'hui est de croire que sans elles rien ne se ferait; elles s'imaginent que tel homme ne mangerait pas, si elles ne lui ouvraient pas la bouche et si elles ne lui versaient pas la soupe dedans; eh! bon Dieu! laissez-le manger sa soupe comme il l'entend; la faim lui indiquera assez l'heure où il doit la servir et comment il peut l'avaler sans se brûler. Tout individu tend à augmenter son bien-être; il sait mieux que personne les voies qui peuvent l'y conduire; et si elles ne blessent ni la justice ni la morale, si elles sont légitimes enfin, vous n'avez rien à lui dire; reposez-vous sur lui du soin de se procurer ce que ses besoins exigent. S'il vit, c'est qu'il travaille; pourquoi changer la nature de ce travail, et lui demander ce qu'il ne fait pas à la place de ce qu'il fait? Mon voisin, Jacques le marin, qui a été dans le canton des sauvages, rencontra un jour un bourgeois du pays qui avait tué trois pigeons; le bourgeois sauvage en mangea deux, et, comme il n'avait plus faim, il donna le troisième à un autre sauvage pour avoir une flèche. Jacques lui dit: « Pourquoi donnes-tu ton pigeon pour une flèche? Apprends à en faire. » Le sauvage lui répondit:

« Pendant que je ferai des flèches, je ne tuerai pas des pigeons ; et je n'ai pas besoin d'en faire, puisqu'avec des pigeons je suis sûr d'en avoir ; j'en ferai quand il ira tuer des pigeons. » Que votre excellence se rappelle qu'un homme ne peut pas tout faire et qu'il ne lui servirait à rien d'avoir fait ce qu'il ne pourrait ni consommer ni vendre ; laissez-le agir : il y a dix à parier contre un qu'il fera ce qui est utile à lui et aux autres, et l'aisance suivra de près la liberté. »

— « Comment donc, M. Cristophe ! voilà, Dieu me pardonne, de l'économie politique ! y comprenez-vous quelque chose, par hasard ? » — « Moi ? non, monsieur ; mais j'ai un cousin receveur à la barrière qui s'y entend comme une excellence. Il dit là dessus des choses superbes. » — « Voyons, M. Cristophe, ce que dit votre cousin, receveur à la barrière ? »

— « Il dit, monseigneur, que la nation la plus riche est celle qui produit le plus par son travail et qui consomme le moins : qu'en échange de ce qu'elle reçoit, une nation ne peut donner que ce qu'elle produit ; que le gouvernement doit encourager, protéger et laisser faire, et ne jamais déplacer la fortune des individus ; c'est-à-dire qu'il ne doit point prendre aux uns pour donner aux autres, et encore moins prendre au grand nombre pour enrichir le petit nombre; que l'intérêt de la masse est toujours le véritable intérêt de l'état. »

— « Vous avez là un cousin qui pense singulièrement, M. Cristophe; mais continuez. »

— « Les droits prohibitifs et les prohibitions sont, selon lui, un impôt payé par la masse au profit de quelques uns. Par exemple, pour favoriser les quatre ou cinq cent mille propriétaires qui sèment du blé ou nourrissent des bestiaux, trente millions d'individus paieront leur viande et leur pain un sou de plus par livre. Les prohibitions ne sont donc pas établies dans l'intérêt de tous, mais seulement de quelques uns, ou plutôt la masse paie un impôt qui est encaissé par quelques uns. Il faudrait donc porter en recette au budget ce que les contribuables paient par suite des prohibitions, et en dépense ce que la classe favorisée par les prohibitions y gagne. C'est une opération qui, sans avoir les mêmes motifs de convenance et d'équité, est entièrement semblable à l'indemnité; c'est un milliard et plus qu'on retire annuellement à la masse des contribuables pour le donner à une partie d'entre eux. Il faut ajouter que tous les frais de l'opération tombent à la charge de l'état, c'est-à-dire encore des contribuables : or, il importe au gouvernement que la nation s'enrichisse; et non pas qu'une partie de la nation vive aux frais de l'autre. Faire passer l'argent de la poche des consommateurs dans celle des producteurs est une loi de minimum tout aussi injuste, tout aussi désastreuse que celle du maximum; cependant c'est le moindre vice des lois de prohibition. Par exemple, si le cuir, qui coûte à produire en France 40 fr. le quintal, y est vendu 50, il est clair qu'il y a 10 fr. de bénéfice pour le producteur; mais si le cuir ne coûte à produire en Russie que 30 fr., et si le consommateur français est libre de s'en procurer à ce prix, il gaguera 20 fr., tandis que le producteur français n'en aurait gagné que 10. Il y a donc perte réelle pour le pays de 10 fr., entièrement consommés en frais de fabrication. En admettant qu'une classe en profite, il n'est pas moins certain qu'il y a préjudice pour la masse. Or, l'état perd quand la masse perd, parce que cent paient plus qu'un. Favoriser une classe aux dépens de la masse est donc une chose injuste et par conséquent nuisible. De plus, c'est une chose dangereuse, car le plus fort, ou, en d'autres termes, la masse, finit toujours par l'emporter; de là les déplacemens de fortune, c'est-à-dire les révolutions. »

— « Cela fait frémir! Or donc, M. Cristophe,

votre cousin ne veut ni prohibitions, ni droits prohibitifs, ni impôts d'aucune espèce ? » — « Quant
aux impôts, au contraire, monseigneur, il veut des
impôts et beaucoup d'impôts, car il est receveur à la
barrière; c'est un point sur lequel nous ne sommes
jamais d'accord, car moi, monseigneur, si c'était
possible, j'aimerais mieux ne rien payer du tout : le
plus beau gouvernement, à mon avis, est celui qui
coûte le moins aux vignerons.

« Mon cousin dit que l'impôt est une cotisation,
une part que chacun retire de son avoir pour les dé-
penses d'ordre et d'ensemble, pour le maintien de la
société et l'entretien des gouvernans, qui sont les
agens du peuple, ou, si vous l'aimez mieux, leurs
hommes d'affaires, comme disait un nommé Frédé-
ric-le-Grand, roi de Prusse, ou, comme je dis, moi,
les chefs de famille. L'impôt, selon mon cousin, doit
être établi, non sur la production, mais sur la consommation. Celui qui consomme le plus, doit payer
le plus; s'il a le moyen de consommer, il a le moyen
de payer. L'homme est d'ailleurs plus porté à consommer qu'à produire. L'impôt sur la consommation
est donc le plus sûrement établi; en même temps
qu'il est le moins fâcheux, puisqu'il n'arrête pas le
travail, qu'il n'encourage pas l'oisiveté. »

— « Votre cousin, M. Cristophe, a du bon, et puisqu'il tient tant aux impôts, nous le laisserons receveur à la barrière; quant aux prohibitions, nous tâcherons de le convertir, et vous aussi, M. Cristophe. »

M. Cristophe se confondit en remerciemens, et continua en imitant autant que possible les gestes et la voix de son cousin, pour donner à son discours plus d'éloquence et de style.

— « Il faut toujours que l'impôt soit établi de manière à ne pas arrêter la consommation, à ne pas même la restreindre, et cela dans l'intérêt de l'impôt. Si l'on ne consomme plus, il n'y a plus d'impôt. Si l'on consomme moins, l'impôt diminue. L'impôt doit donc être la portion que peut payer le consommateur, en sus de la valeur réelle de l'objet. Si vous dépassez cette proportion, l'impôt est mal établi : la consommation cesse ou diminue, le producteur perd, et par conséquent l'Etat.

« Le gouvernement ne doit pas se mêler de la production, il est sans mission pour le faire. Il ne peut donc pas dire à tel individu : tu produiras telle ou telle chose. »—« Comment! il ne peut pas dire?.. cela serait plaisant, M. Cristophe; à quoi donc serviront les ministres, s'ils ne disent rien? autant vaudrait qu'ils commençassent par être ministres d'état. Ne sont-ce pas les ministres qui conduisent le char du gouvernement? » — « Oui, monseigneur, mais la nation y est-elle attelée? » — « Certainement, M. Cristophe : or, deux chevaux traînent une voiture; l'un est vif, l'autre paresseux, ne faut-il pas tenir en bride celui qui veut aller trop vite et donner un coup de fouet à celui qui s'endort? » — « Sans doute, monseigneur; mais il ne s'agit pas ici de courir, il s'agit de manger, et je n'ai jamais vu de cocher fouetter ses chevaux pour les faire manger. Le gouvernement peut-il connaître mieux que moi-même mon appétit et mes besoins? Si je veux manger, je travaille; si je veux manger peu, je travaille peu; je travaillerai beaucoup, si je veux manger beaucoup. Les coups de fouet que vous me donnerez, bien loin d'augmenter mon appétit, pourront me l'ôter, et j'ai toujours remarqué, étant écolier, que je n'avais pas faim les jours où j'avais été fouetté. » — « C'est une question à examiner, un fait à approfondir, M. Cristophe; et peut-être aujourd'hui ne seriez-vous plus du même avis. » — « Pardon, monseigneur, pardon. » — « Mais revenons à votre cousin. »

— « La liberté, dit-il donc, consiste essentiellement dans celle du travail et de l'industrie; toutes les autres, même celle de l'opinion ou de la presse, ne sont rien sans celle-là ; car à quoi sert la liberté de penser et de dire, si l'on n'a pas celle de faire? Le peuple le moins libre est celui qui peut le moins produire ; l'État tombe en décadence dès qu'il produit moins : il cesse dès qu'il ne produit plus ; or, le peuple qui a le plus de prohibitions, étant celui qui peut le moins échanger, vendre et acheter, est aussi celui qui produira le moins, et, par conséquent, le peuple le plus près de sa ruine. »

— « Tout cela est fort beau, M. Cristophe, et je vois que vous avez bonne mémoire; mais avant d'aller plus loin, expliquez-moi ce que vous, M. Cristophe l'orateur, entendez par pro-hibitions? »

— « La prohibition, monseigneur, comme je l'entends, moi ainsi que mon cousin le receveur, est une prime accordée à la fraude; c'est l'obligation imposée au consommateur d'acheter cher ce qu'il pourrait avoir à bon marché; l'obligation de don-ner la préférence au mauvais sur le bon; c'est un monopole, un privilége en faveur de la médiocrité, par conséquent, un obstacle à tout perfectionne-ment. Nous faisons mal le coton filé, qu'avons-nous besoin de faire mieux, si nous sommes sûrs de le vendre mauvais à nos compatriotes? Nous avons même intérêt à le faire tel, car il durera moins et nous en vendrons davantage; c'est une fausse direction donnée à l'industrie, puisqu'elle empêche de faire ce qu'on ferait bien et à bon marché pour s'occuper de ce qu'on fait mal et à grands frais. Les Anglais font de bons rasoirs: nous prohibons les rasoirs anglais, pour qu'en France on fasse aussi de bons rasoirs; mais est-il démontré qu'en laissant entrer les rasoirs anglais, nous ne ferons pas de bons rasoirs? J'admets que cela soit; qu'avons-nous besoin de faire de bons rasoirs, si les Anglais les font meilleurs que nous et les donnent à moindre prix? Mais, dira-t-on, ils ne peuvent pas nous coûter moins que ceux que nous faisons, car nous n'y employons que notre temps; et ceux que nous achetons, nous les payons de notre argent. Cet argent, comment vous le procurez-vous? par le temps et le travail : or, si vos rasoirs vous coûtent 2 fr., et que le temps que vous employez à les faire vous en rapporte 3, vous gagnerez 1 fr. à acheter vos rasoirs : laissons donc faire nos rasoirs aux Anglais et gagnons 3 fr. à faire autre chose. Mais si nous ne faisons pas de rasoirs, nous ne ferons pas autre chose; si nous ne faisons pas autre chose, nous n'aurons pas d'argent pour acheter des rasoirs, et les Anglais ne nous en apporteront pas.

« Nous avons en France de mauvais fer, et nous repoussons par un droit prohibitif de 27 fr. 5o c. par quintal le fer du Nord ou d'Angleterre. La vigne vient mal ou ne vient pas dans le Nord, et le Nord surcharge d'impôts le vin de France. Qu'en résulte-t-il? les habitans du Nord boivent de mauvais vin, et nous employons de mauvais fer. Si les étrangers laissaient entrer notre vin, si nous laissions entrer leur fer, nous ferions plus de bon vin et moins de mauvais fer; les étrangers feraient plus de fer et boiraient plus de vin. Là dessus, monseigneur, vous allez encore m'appeler égoïste. Si les marchands de vin gagnent, direz-vous, les forgerons perdront; je réponds : Si les mines de fer ne sont pas bonnes, laissez-là les mines de fer; le forgeron prendra un autre état; au lieu de creuser la terre, il la labourera; cessant d'être un fabricant de mauvais fer, il deviendra un bon cultivateur.

« Les bœufs coûtent 25o fr., gras, en Belgique, chez vous 3oo fr., vous faites payer 55 fr. de droit d'entrée au bœuf belge. Pourquoi? pour que l'étranger ne vous fournisse pas de bœufs gras. Mais s'il en coûte plus pour les engraisser en France, s'ils n'y engraissent pas, pourquoi refuserez-vous l'avantage que vous présente l'étranger? Tous les droits possibles ne feront pas engraisser les bœufs, si vos pâturages n'y sont pas propres; élevez donc des moutons et donnez-les pour des bœufs; l'un mangera de meilleures côtelettes et l'autre de meilleur bifteck; nous y gagnerons, l'étranger y gagnera, tout le monde y gagnera et notamment votre excellence, qui, n'ayant plus à se mêler de cette affaire, pourra s'occuper des autres ou dormir la grasse matinée, si cela lui semble préférable. »

— « Je ne demande pas mieux, mon ami, car j'aime mes aises tout comme un autre; et si vous aimez les vôtres, je ne vous conseille pas d'être ministre dans cet excellent pays. Vous appelez donc les prohibitions des chaînes, des entraves; et moi je les appelle un bouclier secourable, étendu pour défendre celle de nos industries qui n'a pas encore atteint le degré de croissance et de vigueur propre à lutter contre la perfection étrangère. Je les appelle la barrière qu'un père prévoyant met devant le précipice pour avertir ses enfans du danger auquel ils s'exposent en avançant trop; je les appelle le fanal placé le soir devant la maison que l'on construit, pour que l'on ne se perde pas dans les matériaux.

Vous ne voulez pas que je me mêle de vos intérêts, ni même de ceux des autres, et vous reconnaissez qu'il y a des intérêts divers ; mais mon devoir n'est-il pas de peser ces intérêts différens pour les accorder, les concilier et les arranger, de manière qu'au milieu de leur diversité, j'obtienne un résultat qui satisfasse à tout ? Vous voulez continuer à faire du vin, et vous voulez aussi que le forgeron cultive la terre ; mais où trouvera-t-il de la terre à cultiver ? »

— « Où ? monseigneur. Un tiers de notre pays est en friche et les deux autres tiers ne produisent pas la moitié de ce qu'ils devraient produire. » — « Je vous accorde cela ; le forgeron récoltera du blé, mais comment pourra-t-il le vendre, si vous laissez entrez celui d'Odessa et de Barbarie, que l'on donnera à vil prix ? — « D'abord, excellence, s'il achète du pain à bon marché, il déboursera d'autant moins pour vivre lui et les siens ; il paiera également moins pour s'habiller, se chausser, se loger ; car le tailleur, le cordonnier, le maçon, n'ayant que 10 sous au lieu de 20 à dépenser par jour pour acheter du pain, diminueront dans la même proportion le prix de leurs journées. L'ouvrier anglais qui gagne 6 fr. ne gagne pas plus que l'ouvrier français qui reçoit 2 fr., si ce qui coûte 2 fr. en France en coûte 6 en Angleterre ; il est donc indifférent qu'il ait touché 100 fr. ou 200 fr., lorsqu'au bout du mois, après avoir vécu de la même manière, il ne lui reste rien. Vous me demanderez comment le fermier, qui doit en argent et non en nature, paiera sa ferme ? Je vous répondrai que, pour le propriétaire comme pour le fermier, 100 fr. représentent 200 fr., si la première somme lui procure ce qu'il aurait eu pour la seconde. Cependant, le calcul n'est pas exact, si l'on admet qu'il ne dépense pas tout ; et qu'il économise pour dépenser plus tard ou ailleurs ; ainsi le propriétaire a intérêt à maintenir la redevance au taux primitif ; mais pourquoi le fermier, qui a moins de déboursés à faire, d'une part, ne gagnerait-il pas autant qu'avant la libre importation du blé ? pourquoi ne gagnerait-il pas davantage ? Ne cultive-t-il pas aussi des pois, des féves, des légumes de toute espèce, des racines, du colza, du sarrasin, du trèfle, etc. ? Ces objets baisseront-ils de prix ? Non, car ils viennent mieux chez lui que chez l'étranger ; il a donc eu tort de semer du blé, puisqu'il réussit moins bien chez lui qu'à Odessa, qu'en Barbarie ; et il a eu raison d'y planter des pois, des féves, etc., qui y réussissent mieux ; et il n'y aurait jamais semé de blé depuis qu'on en cultive à Odessa, si vous ne l'y aviez pas forcé en prohibant le blé d'Odessa ou en le surchargeant d'impôts.

« Chaque pays, dit mon cousin, est propre à une nature de chose, à un genre de produit. Chaque homme a son industrie particulière que favorisent le climat, sa position et ses habitudes. Vouloir changer et déplacer les choses, c'est amener un malaise universel, c'est gêner et arrêter la production, c'est opposer un système à la raison, c'est combattre la nature. Une nation ne peut pas tout faire; le même sol ne peut pas tout produire; on ne peut pas en même temps tirer du fer d'un champ et y semer des carottes, ni faire manger aux bœufs l'herbe qu'auront consommée les moutons. Mon jardin donne des pommes et vous voulez que j'y plante des figues; où je planterai des figues, il ne viendra plus de pommes : mais, direz-vous, il y a déjà trop de pommes? Non, puisque j'en cultive; lorsqu'on n'en mangera plus, lorsqu'elles ne me feront plus vivre, je n'aurai pas besoin que l'on me dise de ne plus planter de pommiers. »

— « Mon ami, vous parlez toujours de vivre et de manger; ce n'est pas tout que vous mangiez; il ne suffit pas qu'il vive ce peuple, il faut encore qu'il lui reste quelque chose. Il faut qu'il s'enrichisse, qu'il ait du superflu; et comment en aura-t-il si le gouvernement ne le guide pas dans ses spéculations, s'il ne lui indique pas les moyens de gagner? s'il ne le sauve pas du danger de perdre? La liberté qu'il doit laisser à chaque individu n'est pas celle de tout produire, mais seulement de produire ce qui lui est profitable individuellement et utile à la nation en général. Pour donner la liberté du commerce à un peuple, il ne faut pas qu'il puisse en user à son détriment, et, par son imprévoyance, se voir dépouiller et affamer. On peut laisser tout libre chez celui qui sait tout faire, mais non chez celui qui n'en a ni la volonté, ni le pouvoir. Quand le gouvernement pense que sa nation est dans une situation à pouvoir vivre aux dépens des autres, il peut ouvrir les barrières. Il doit restreindre ou annuler cette liberté, lorsqu'il croit que la balance penche en faveur de l'étranger. Quand il voit l'impossibilité d'acquérir, il ne doit s'occuper que de conserver. S'il voit l'impossibilité de conserver, il doit prendre des mesures pour perdre le moins possible. La liberté du commerce n'est que relative, c'est-à-dire, absolument parlant, qu'elle n'est pas, qu'elle ne peut pas être. C'est un calcul, une combinaison subordonnés aux circonstances, et souvent même à la volonté, aux caprices de l'étranger. L'étranger a de la laine, nous avons besoin de laine. Nous avons du chanvre plus qu'il ne nous en faut, il a besoin de chanvre. Nous pourrions lui donner du chanvre pour de la laine : il établit sur sa laine un droit de 20 pour 100. Il nous la vend donc 20 pour 100 plus cher qu'elle ne vaut. Si nous n'établissons pas un droit de 20 pour 100 sur notre chanvre, il gagnera sur nous 20 pour 100; cela prouve qu'un gouvernement étranger peut nous forcer à établir un droit. Il en est de même des prohibitions. Que l'étranger vienne à prohiber la laine dont nous avons besoin, nous voilà contraints, s'il n'y a pas de laine ailleurs, à prohiber notre chanvre pour l'obliger à nous donner sa laine. Cette liberté de commerce est donc soumise à la politique étrangère. »

— « Mais, monseigneur, cela rentre encore dans la question de manger ou ne pas manger : tout ce que vous feriez là, nous le ferions de même sans vous, et cela sous peine de mourir de faim. Si vous ne mettez pas le droit de 20 pour 100 sur le chanvre qui sort, le propriétaire le fera payer 20 pour 100 de plus à l'étranger, ou bien ne lui en vendra pas ou ne prendra pas sa laine. On fait le commerce pour gagner et non pour perdre ; si l'on perd, on ne le fait plus et l'on en fait un autre. Quant aux droits d'importation, ou ils n'arrêtent pas la consommation ou ils sont payés par le consommateur. L'étranger impose ma production à l'entrée chez lui ; si elle est reçue, ce n'est pas moi qui paie le droit, mais lui ; si ma marchandise vaut 100 fr., je la lui donnerai pour 100 fr. ; s'il exige un droit de 20 fr., il la paiera 120 fr. C'est le consommateur qui en souffre et non le producteur.

« S'il la prohibe, c'est encore lui, consommateur, qui souffrira, et il pourra souffrir plus que moi, car j'irai vendre ailleurs, ou je dirigerai mon industrie vers un autre but, et lui, éprouvera une privation, ou paiera plus cher et travaillera moins, puisqu'il aura un objet d'échange de moins. En résumé, toute prohibition, étant une branche retirée à l'industrie, un moyen de subsistance détruit, devient une arme aussi nuisible à celui qui s'en sert qu'à celui contre qui on l'emploie.

« Vous avez dit aussi, monseigneur, qu'il fallait lever les barrières seulement quand on était en situation de vivre aux dépens d'un autre peuple. Mon cousin prétend qu'un peuple ne vit aux dépens d'un autre qu'en temps de guerre et quand il lui enlève de force ce qu'il possède ; mais, dans l'ordre naturel des choses, il dit que cela ne se peut guère, car s'il reçoit les produits d'une autre nation, c'est qu'il lui donne l'équivalent, soit en services, soit en productions, soit en argent.

« Il est également difficile qu'il puisse l'affamer ; mais, dira-t-on, si je permets la sortie des subsistances, il pourra les attirer toutes à lui. Pour les attirer, il faudra qu'il les paie ; le prix en augmentera à mesure qu'elles deviendront plus rares ; avec ce prix on achètera ailleurs à meilleur marché. Pour qu'une nation en affamât une autre, il faudrait qu'elle pût acheter toutes les denrées de la terre. »

Ici M. Cristophe tout essoufflé s'arrêta, et son Excellence, profitant de l'occasion, lui répliqua :

— « Considérez donc, mon brave vigneron, le nombre d'établissemens qui se sont formés sur la foi des prohibitions ; considérez combien de gens les prohibitions font vivre ; si elles cessaient, la moitié de nos fabriques tomberaient, et une foule d'industriels seraient à la mendicité. »

— « Maintenir les abus, monseigneur, parce qu'ils font vivre les gens, c'est absolument comme si on voulait conserver les maladies parce qu'elles nourrissent les médecins. Or, mon cousin répond que si quelques intérêts particuliers étaient froissés, la masse des consommateurs gagnerait ; que si quelques genres de fabrication souffraient, d'autres se créeraient ; que les manufactures qui tomberaient seraient celles qui fabriquent moins bien que l'étranger ; que les fabricans perfectionneraient leur industrie ou lui donneraient une autre direction. Je vais à ce sujet vous raconter encore une histoire :

« Dans une ville où il n'existait pas de fontaines, une partie de la population vivait du produit de la vente de l'eau qu'elle allait chercher à une rivière voisine, avec privilége et autorisation de M. le maire. On parla d'établir des fontaines : le conseil municipal s'y opposa, en disant que tous ceux qui vivaient du transport de l'eau mourraient de faim. Pendant bien des années les choses en restèrent là ; enfin un autre maire parut, et les fontaines furent construites. Les vendeurs d'eau souffrirent pendant quelques jours et crièrent fort ; après avoir bien crié, voyant que cela ne les nourrissait pas, ils se décidèrent à prendre un métier ; ils gagnèrent davantage, la ville eut de l'eau pour rien et des ouvriers aisés, au lieu de malheureux privilégiés. »

— « Mais, mon cher M. Cristophe, ce n'est pas assez de vouloir prendre un métier, il faut le pouvoir, il faut l'apprendre, il faut le bien faire. » — « On l'apprend, monseigneur, et puisque les autres font bien, et qu'il faut faire bien pour vivre, soyez sûr que l'on fera bien et aussi bien qu'eux, sinon la même chose, au moins quelque chose d'équivalent. Il suffit pour cela que je puisse communiquer et traiter librement avec eux. Mon voisin fait de la flanelle pour me tenir chaud, je lui ferai des éventails pour le rafraîchir. La faim est un grand précepteur; nul quand il a faim ne fait ce qui ne le nourrit pas; et puis, qu'il fasse du drap noir ou blanc, épais ou léger, que vous importe? S'il le fait, il sera toujours ce qu'il doit être ; car s'il ne pouvait ni s'en servir, ni le vendre, ni l'échanger, il ne le ferait pas. Le drap sera blanc et fin, si c'est du drap blanc et fin que l'on veut; il sera épais et noir, si c'est du drap noir et épais qui a du débit. La force des choses amènera toujours ce résultat, sans que le gouvernement s'en occupe. Dès qu'un peuple améliorera et donnera à meilleur marché, les autres amélioreront et donneront à meilleur marché, et le consommateur comme le marchand y trouvera son compte. »

— « Ne voyez-vous pas, M. Cristophe, qu'il existe entre les nations de l'Europe la même rivalité qu'entre plusieurs maisons de commerce qui travaillent en concurrence? L'une veut faire tomber l'autre pour obtenir le monopole : la masse gagnera momentanément à cette émulation ; mais, la concurrence détruite, la nation qui aura le monopole dictera nécessairement la loi à toutes les autres et leur fera payer, avec les intérêts, les sacrifices momentanés qu'elle aura été obligée de faire. »

— « Avez-vous jamais vu, monseigneur, une maison de commerce établir le monopole quelque part? Le monopole ne peut exister que par la force des baïonnettes, c'est-à-dire lorsqu'on me contraindra, la pointe sur la gorge, d'acheter là et non ailleurs. Où la liberté existe, le monopole est impossible. Si un négociant veut vendre trop cher, il en vient un autre qui se contente d'un bénéfice moindre. Il en est de même d'une nation : les autres nations n'usent de ses produits que lorsque le prix est en rapport avec leurs moyens d'échange, et lorsqu'elles trouvent plus d'économie à lui acheter qu'à fabriquer elles-mêmes ou à faire fabriquer par d'autres ; d'ailleurs le peuple qui veut avoir le monopole, c'est-à-dire la faculté de fournir exclusivement une chose, est obligé d'y employer son temps et ses fonds ; par exemple, s'il veut approvisionner tous les autres peuples de montres, il faut qu'il ne fasse à peu près que des

montres, et par conséquent qu'il néglige les autres
branches de son industrie ; de plus, il faut encore
qu'il fasse ses montres de meilleure qualité et à meilleur marché que tout le monde ; et alors, loin d'être
un mal, ce sera un avantage pour tout le monde.
Mais je suppose qu'il veuille ensuite abuser de sa
position, et qu'après m'avoir mis dans l'impossibilité de faire des montres, il augmente ses prix ;
comme il faudra bien qu'il tire de quelque part ce
qu'il ne fera pas tandis qu'il fera des montres, et
qu'il prenne chez moi quelque chose en retour de
celles qu'il me fournira, je hausserai mes prix à mesure qu'il haussera les siens. » — « Mais comment ferez-vous ? » — « Je ferai comme lui, monseigneur.

« Je remarque aussi qu'il fait toujours comme vous :
chaque prohibition que vous établissez chez vous en
amène une autre chez lui par mesure de représaille ;
or, en supposant que cette prohibition vous fût avantageuse, cet avantage est détruit par la réciprocité.
Vous prohibez les bas anglais, l'Anglais prohibe les
gants français ; mais comme votre prohibition était
déjà un mal pour vous, il advient que par la représaille vous éprouvez un double mal : vous portez de
mauvais bas et vous faites moins de gants ; il est vrai
que votre voisin souffre également, il se fait du mal

parce que vous vous en faites ; il veut porter de mauvais gants parce que vous portez de mauvais bas ; il
veut faire moins de bas parce que vous faites moins
de gants ; il se venge d'un mal simple en se faisant
un mal double ; il a l'avantage d'être une fois plus
dupe que vous ; car, lorsqu'on me casse un bras, ce
n'est pas un motif pour que je me coupe l'autre ; il y
a ici assaut de quelque chose qui n'est pas de la
raison.

« Approfondissez la question, réduisez-la à sa plus
simple expression, et pesez le résultat de toutes vos
mesures prohibitives : vous verrez qu'elles entravent,
qu'elles retardent, qu'elles arrêtent, qu'elles dimi-
nuent la masse du travail, mais que le fond des choses reste toujours le même.

« Dans tout ce qui est commerce, manufacture,
agriculture, en un mot, industrie, le bénéfice est dans
l'économie des moyens, c'est-à-dire des bras, ou,
en d'autres termes, du temps : celui qui fait le plus,
ce qui veut dire celui qui fait le mieux en moins de
temps, gagne le plus ; toutes les fois que vous me je-
tez dans une plus grande dépense de temps, en com-
pliquant les calculs, les formalités, en multipliant les
entraves, vous diminuez le nombre d'affaires et vous
nuisez à la prospérité générale. Or, les prohibitions,

après avoir borné la quantité et l'espèce des opérations, après avoir affaibli leur importance, après m'avoir gêné, torturé, n'ont pu amener d'autres résultats que borner, affaiblir, gêner, torturer, parce que ceux-là sont les seuls que les chaînes peuvent produire sur l'industrie. On a perdu du temps, on a fait moins, on a fait plus mal ; mais c'est toujours avec ce que vous avez fait que vous payez ce que vous ne faites pas ; moins les autres feront et moins vous ferez ; quand vous empêcherez une chose d'entrer, c'est une chose que vous empêchez de sortir.

« Si l'étranger vous donne sa marchandise, c'est que vous la lui payez ; par conséquent, c'est que vous avez quelque chose pour la lui payer. Si vous avez quelque chose, c'est que vous travaillez et que le produit de votre travail convient à l'étranger. S'il lui convient, c'est qu'il a pour lui une valeur égale à ce qu'il vous fournit. L'étranger consomme donc, proportion gardée, autant de vos produits que vous consommez des siens ; s'il en consomme moins, c'est qu'il paie trop cher, et ce n'est pas à vous à vous en plaindre.

« Il est impossible qu'une nation laisse tout entrer sans rien laisser sortir. Il n'est pas plus possible qu'elle laisse tout sortir sans rien laisser entrer.

3.

Dans le premier cas, elle recevrait tout pour rien ;
dans le second, elle donnerait tout pour rien. Ce qui
sort, il faut qu'on le lui paie; ce qui entre, il faut
qu'elle le paie. Or, ce qui entre est toujours payé
par ce qui sort ; la valeur de ce qui entre est
toujours pour chacun la valeur de ce qui sort. Tous
les tarifs et toutes les prohibitions du monde ne peuvent pas empêcher que cela soit, parce qu'encore
une fois, on ne fait pas le commerce pour perdre, et
qu'il n'est pas possible qu'une masse d'individus, qui
tous agissent séparément, lorsque les tarifs et les
prohibitions, c'est-à-dire la force, ne les poussent
pas dans le même sentier, s'abusent tous et toujours
dans leurs spéculations, et qu'une nation entière
soit composée d'habiles gens et l'autre de dupes.

« Le sentiment de la conservation de soi-même,
et, par suite, l'instinct de la propriété et du gain, est
le plus fort de tous. C'est le point sur lequel chaque être a les idées les plus nettes et les plus cons-
tantes. Quel que soit l'intérêt du gouvernement
pour les gouvernés, cet intérêt ne peut être aussi
vif, aussi actif que celui que chaque gouverné se
porte à lui-même. Lorsqu'il s'agit de calcul et de
bénéfice, le gouvernement se trompera donc bien
plutôt que l'individu qui a un motif direct et ins-

tant pour ne pas se tromper. Le gouvernement est souvent dirigé par l'impulsion du petit nombre, quelquefois même par une opinion unique. Un peuple a mille opinions diverses; et il n'est pas possible, lorsqu'il s'agit d'intérêt personnel, que toutes les opinions soient folles chez un peuple et sages chez un autre. Il y a partout des fous et des sages, partout des gens qui font bien leurs affaires et d'autres qui les font mal, partout des perdans et des gagnans; mais lorsque la main du pouvoir ne paralysera pas d'un côté la raison et la volonté, lorsque la liberté est égale de part et d'autre, une nation de gagnans et l'autre de perdans, c'est ce qui ne se verra jamais. »

— « Si j'ai bien compris votre calcul, qui, entre nous soit dit, n'est pas des plus clairs, M. Cristophe ; si, comme vous le dites, ce qui entre est toujours payé par ce qui sort, d'où vient la différence de richesse d'une nation à une autre ? »

— « Cela vient, monseigneur, de ce que la nation chez laquelle il entre le moins est celle de chez qui il sort le moins; cette nation est donc celle qui consomme le plus ou travaille le moins. Or, si la consommation dépasse son travail, elle s'appauvrit, tandis que sa voisine, qui consomme moins et travaille plus, s'enrichit; j'en conclus qu'un peuple comme un particulier devient riche quand il mange peu et travaille beaucoup. »

— « Ah! nous voilà encore revenus sur l'article manger; cela, mon cher vigneron, vous tient terriblement au cœur. »

— « Sans doute, monseigneur, car c'est le seul moyen d'en avoir. C'est la soupe qui fait le soldat, comme dit le proverbe; c'est aussi la soupe qui fait les vignerons et même les ministres. Je dis qu'il faut manger moins qu'on ne travaille; mais encore faut-il manger pour travailler. »

— « Brisons là et revenons à la question. Vous convenez donc que, parmi les nations industrieuses, il y a des perdans et des gagnans. » — « C'est-à-dire, monseigneur, des gens qui gagnent, et d'autres qui ne gagnent pas; car je n'entends pas dire par là que lorsque l'un gagne il faut que l'autre perde. » — « Enfin, vous n'appelez pas gagnans ceux qui ne gagnent pas. » — « Non, monseigneur. » — « Eh bien! permettez-moi donc de les appeler perdans. Or, s'il y a des perdans et des gagnans, il faut alors, M. Cristophe, que le gouvernement fasse en sorte qu'il y ait chez lui le moins de perdans possible. Il peut se tromper, sans doute; mais il peut aussi avoir raison; et s'il a raison, s'il prend de bonnes mesures, tout le monde y gagnera. » — « Mais, excellence, s'il en prend de mauvaises? s'il est impossible qu'il en prenne qui soient utiles à tous? si la nation la moins libre est toujours celle qui a le moins d'avantage? S'il est prouvé que l'industrie ne peut être régie que par l'instant, la circonstance, la volonté individuelle, la liberté enfin, et non des mesures générales et coërcitives, nuisibles dès qu'elles n'inspirent pas de confiance, à quoi sert l'intervention du gouvernement? une fausse impulsion fait perdre au grand nombre, une bonne ne fait gagner que quelques uns. La chance n'est donc pas égale; et il n'y en a plus du tout s'il est démontré que ceux mêmes qui gagnent auraient gagné davantage, et qu'ainsi tout le monde perd par la seule raison qu'on prend des mesures, et qu'on restreint la faculté de faire. Que le gouvernement conseille, éclaire, récompense, bien! mais point de chaînes, point de contrainte. »

— « Conseiller, éclairer, c'est fort beau quand on en profite; mais, mon cher monsieur, comment donner un conseil à un sourd? comment éclairer un aveugle? Un homme se noie; je ne lui dis pas : Monsieur, voulez-vous bien permettre? Je le saisis par les cheveux, par la barbe, partout où je puis, et je l'entraîne au rivage. Si le gouvernement étranger y

mettant moins de façons que vous, lance ses admi-
nistrés dans la bonne voie, les pousse à droite quand
la route est mauvaise à gauche, à gauche quand elle
est mauvaise à droite; s'il prévoit tout tandis que vous
ne prévoyez rien; s'il calcule tandis que vous donnez
au hasard; s'il concentre ses capitaux tandis que vous
disséminez les vôtres, il aura sur vous un avantage
immense. »

— « Non, monseigneur; c'est moi, au contraire,
qui l'aurai sur lui, et par les raisons mêmes que je
viens de vous dire. Il ne s'agit ici ni de sourds, ni
d'aveugles, ni de gens qui se noient; il n'y a pas de
nations frappées d'infirmités quand on ne les en frappe
pas, et je ne connais de peuple absurde que celui
qu'on rend absurde, c'est-à-dire celui qui est es-
clave et abruti par de mauvaises institutions, ou
bien encore celui qui est séparé de la civilisation;
mais avec les communications ouvertes, avec le libre
développement des facultés intellectuelles, il n'est
point d'épidémie morale, point de sottise collective.
Or, parce qu'il y a trois ou quatre fous dans une ville,
enverrez-vous tous les habitans à Charenton? parce
qu'un homme a une tache sur l'œil, ferez-vous l'o-
pération de la cataracte à tout le quartier? parce qu'un
imprudent s'est noyé, prendrez-vous aux cheveux

tous ceux qui approchent de la rivière? Vous voulez m'entraîner, me pousser, me lancer, et à propos de quoi? à propos de travail. Eh! qui m'appartient plus que mon travail? pourquoi voulez-vous disposer de mes bras, de mon temps, de mes sueurs, de ce qui est à moi, enfin? En morale comme en politique, une chose injuste ne peut jamais produire un bien. La violation d'un droit est toujours un mal. Le droit de propriété est le plus sacré de tous, c'est celui sur lequel repose l'édifice social. Me contraindre d'employer de telle ou telle façon ce qui m'appartient, c'est disposer de ma propriété. Le travail est personnel, le droit d'user de son produit doit l'être aussi. Si le gouvernement me dit : « Tu acheteras telle ou telle chose ; tu vendras à tel ou tel. » Ce n'est plus moi qui achète, ce n'est plus moi qui vends, c'est lui qui devient, comme le pacha d'Égypte, le seul négociant, le seul industriel; il a pris sur lui la responsabilité de toute l'opération; je ne suis plus que son agent, et cependant il ne me dédommagera pas de ma perte si j'en éprouve, quoiqu'il eût profité de mon gain si j'en avais pu faire. »

— « Mon ami, vous m'avez déjà dit cela ou à peu près; et je ne vois pas comment le gouvernement vous force à faire telle ou telle chose. » — « Comment! monseigneur, vous ne voyez pas? Quand le gouvernement empêche d'entrer le coton filé, ne me force-t-il pas à faire du coton filé, moi, ou mon voisin qui n'en veut pas faire plus que moi, parce qu'il sait, comme moi, que si on l'avait laissé faire autre chose, il gagnerait davantage. »

— « Cependant, mon cher, donnez liberté entière à chaque industriel, sans prévoir les effets, sans diriger l'ensemble, l'industrie sera comme une guerre où on laisserait chaque individu combattre corps à corps et pour son compte; mais qu'il survienne un général qui réunisse les masses et forme une armée, il écrasera facilement chacun de ces individus isolés. »

— « C'est là précisément, monseigneur, ce que je disais à mon cousin, et voilà ce qu'il me répondit : Dans une armée, c'est la force matérielle qui agit, et la tactique n'est que l'art de disposer le mieux possible cette force matérielle. Dans l'industrie, la force matérielle n'est que secondaire; ce n'est pas le plus fort qui gagnera le plus par son travail, c'est le plus habile, et l'habileté n'a pas besoin de masse pour agir, les machines en sont la preuve. L'industrie vit isolée, ou se réunit en corps, selon qu'elle y trouve son avantage. D'ailleurs, il ne s'agit pas ici d'un combat; au contraire, c'est parce qu'il y a combat et qu'au lieu de s'occuper à gagner, chacun s'occupe à se nuire, qu'il en résulte dommage pour tous. La liberté du commerce que l'on demande est précisément la cessation des hostilités; c'est une association, un accord, un concordat d'intérêt qui s'établira tout naturellement entre les industriels de toutes les nations, dès que les gouvernans cesseront de les faire battre et s'entre-ruiner en les y excitant par des lois hostiles et les tarifs qu'ils se jettent à la tête. Qu'ils empêchent seulement qu'on ne reste oisif, qu'ils fassent cesser la fainéantise en ne nourrissant pas les fainéans ; le reste ira de lui-même. »

— « Mon brave vigneron, vous supposez toujours que l'étranger fera comme vous; s'il adopte un autre système, voilà le vôtre renversé; vous ouvrez vos barrières, c'est très bien; mais lui n'ouvrira pas les siennes, ne voudra pas ce que vous avez, et il voudra vous donner ce qu'il a. » — « Ce sera bien généreux de sa part. » — « Mais il voudra de l'argent. » — « Nous lui donnerons de l'argent, c'est une marchandise comme une autre; si nous en avons quand notre sol n'en produit pas, c'est qu'une autre nation nous en a donné, et comme nous en avons eu par notre travail, nous en aurons tant que nous travaillerons. »

— « Mon bon ami, vous savez qu'on ne peut jamais en avoir trop ; vous n'ignorez pas que l'argent fait la force de l'État, et que la balance du commerce prouve chaque année combien nous avons gagné sur l'étranger. »

— « C'est-à-dire, monseigneur, que vous appelez gain tout ce que, balance faite des importations et exportations, vous aurez reçu en argent ; comme si un écu en argent valait mieux qu'un écu en denrée, comme si une livre de plume pesait moins qu'une livre de plomb. Je suppose qu'une nation ait le privilége de faire tout ce qui est nécessaire à sa consommation, et de plus, d'approvisionner l'étranger : que recevra-t-elle en échange ? de l'argent. Mais que fera-t-elle de cet argent, si elle a tout ce qu'il lui faut ? ou elle l'enfouira, et il ne lui sera pas plus utile que des billets qui resteraient en portefeuille, ou il sera mis dans la circulation ; or, en augmentant d'abondance, il diminuera de valeur ; le résultat sera seulement de rendre chaque objet plus cher, de nécessiter une plus grande quantité de métal pour en avoir une plus petite de subsistance ; enfin, en s'avilissant toujours, il tombera comme les assignats, et il faudra ou en rejeter une partie, ou chercher un autre signe représentatif. L'or, sans le travail et les échanges, ne fait pas la prospérité d'une nation. L'Espagne était agricole et manufacturière, elle était riche et peuplée ; elle acquiert des mines d'or, elle cesse de travailler, elle s'isole des autres nations, l'Espagne devient un désert.

« Les hommes font la force d'un État, et un homme paraît toujours où il y a de quoi nourrir un homme ; c'est donc la substance et non l'or (j'entends ici par substance la nourriture) qui fait la richesse ; la population suit toujours la masse de substance : elle augmente quand la substance augmente, elle diminue quand le travail qui produit la substance diminue. Elle est le baromètre de la prospérité de l'État, la véritable balance du commerce et de l'industrie. On dit : « La ville de Marseille a perdu depuis qu'elle ne fait plus le commerce exclusif du Levant. » Je demande : « La population de Marseille est-elle moindre qu'elle était il y a cinquante ans ? non ; donc Marseille n'a pas perdu. La population a augmenté, donc Marseille a gagné. Si le pays fait vivre plus d'hommes, c'est qu'on travaille davantage, c'est qu'on produit plus de nourriture ; dire qu'un pays s'appauvrit quand les habitans y deviennent plus nombreux, c'est dire que la famine engraisse et que l'abondance maigrit. »

Ici M. Cristophe, qui s'était tant soit peu écarté
de la question, s'abandonnant à la richesse de sa
mémoire, s'éleva tout à coup dans les espaces méta-
physiques et la région sublime de l'économie politique ; nous ne l'y suivrons pas ; attendant qu'il soit
redescendu sur la terre, nous le rattraperons au milieu d'une exclamation qui se rattache tant bien que
mal au sujet.

« Oui, monseigneur, s'écriait-il, un État com-
posé de gens qui ne feraient rien, périrait ; mais il ne
périrait pas parce que l'étranger lui apporterait ses
produits ; il périrait parce qu'il ne les lui apporterait pas. En effet, que pourrait-on fournir à un peuple qui, ne produisant rien, n'aurait rien à donner ?
Tant que l'étranger lui apporte, il existe, et tant
qu'il existe, c'est qu'il travaille ; ainsi l'existence
d'un peuple comme d'une famille est la conséquence
de son industrie, comme sa richesse est la conséquence de l'ordre et de la liberté. »

— « Cependant, mon cher, si vous voulez créer
chez vous une industrie nouvelle, comment y par-
viendrez-vous sans la prohibition ? Comment cette industrie naissante pourra-t-elle lutter contre la perfection de l'étranger et franchir l'avance qu'il a sur
vous ? Comment celui qui veut la naturaliser y ar-

rivera-t-il, s'il n'est pas soutenu et défendu contre la concurrence? »

— « Je vous demanderai d'abord, monseigneur, s'il y a avantage à faire naître cette industrie nouvelle, si elle sera pour moi, consommateur, un profit ou une charge? si vous n'entreprenez pas ce que vous ferez mal à la place de ce que vous faites bien? Les Anglais ont dépensé des sommes énormes pour établir des fabriques de soieries, et jamais ils n'ont pu approcher de la qualité des produits de Lyon : reste à savoir si les Anglais ne pouvaient pas employer plus utilement leurs bras et leurs capitaux; et si, en voulant rivaliser avec les fabriques de Lyon, ils n'ont pas fait plus de tort à eux-mêmes qu'à la France? Mais, enfin, vous jugez utile cette industrie nouvelle et vous voulez l'établir : si elle est simple, si elle tient au sol, comment l'étranger pourra-t-il vous en empêcher? Votre terrain est aussi bon, votre climat est le même. Si c'est un art, si c'est une chose qui s'acquiert par une étude, un calcul, une expérience quelconque, comment vous en empêcherait-il encore? pourquoi ne l'acquerriez-vous pas? pourquoi ne réussiriez-vous pas aussi bien, si vous avez la même matière première, les mêmes machines, les mêmes facilités? mais je ne les ai pas. Alors, pour-

quoi entreprendre sans avoir les moyens de réussir?
Pour faire une omelette, il faut avoir des œufs, une
poële, du feu ; s'il vous manque une de ces choses,
vous ne ferez jamais une omelette. Ces moyens, ces
facilités, je les obtiendrai avec le temps et des frais.
Le résultat, l'intérêt de ce temps, de ces frais cou-
vrira-t-il un jour vos avances? Non, certainement,
si l'étranger est admis à la concurrence. Et pourquoi
cela? parce que mes déboursés ayant été plus forts,
je ne pourrai jamais donner à aussi bon marché que
lui. Alors, quel avantage pouvez-vous avoir? Ne
voyez-vous pas que, grâce à la prohibition et au
monopole, j'élèverai mes prix autant que je le vou-
drai, et qu'avec la rentrée de mes frais j'obtiendrai
encore un bénéfice. Aux dépens de qui, s'il vous
plaît? Mais du consommateur. Grand merci pour le
consommateur! Et vous appelez cela une industrie
utile? Elle l'est pour vous ; mais pour moi, pour tous
les autres?

« Un habitant du faubourg de la ville où j'habite
fait des tourtes excellentes et à bon marché ; depuis
long-temps je m'approvisionne chez lui. Un de mes
voisins me dit : « Je vais faire aussi des tourtes. » Je
lui réponds : « Vous avez raison, mon voisin ; car,
sans doute, elles seront encore meilleures que celles

du faubourg, et je vous donnerai la préférence. » — « Non, me dit-il, je ne puis les faire meilleures ; je crois même que, pour l'instant, elles ne seront pas aussi bonnes. » — « Elles seront donc moins chères ? » — « Bien au contraire, elles seront plus chères. » — « Alors, mon voisin, ne comptez pas sur ma pratique, et dites-moi, je vous prie, quelle malheureuse idée vous a pris de faire des tourtes, puisqu'elles ne seront ni aussi bonnes ni à aussi bon marché que celles du faubourg ? » — « Mais, mon voisin, c'est pour que l'on fasse des tourtes dans notre quartier ; n'est-ce pas une honte que nous n'en fassions pas ? » — « Cela est bel et bon, mon voisin ; comme je n'y vois pas de honte, moi, je vous le répète, ne comptez pas sur ma pratique, et je continuerai d'aller chercher mes tourtes au faubourg. » — « Non, voisin, cela ne sera pas ainsi. » — « Et qui m'en empêchera, s'il vous plaît ? » — « Qui ? moi, parbleu ! » — « Comment, vous ! » — « Sans doute ; sachant fort bien que personne n'achèterait mes tourtes parce qu'elles sont chères et mauvaises, j'ai obtenu de M. le commissaire du quartier un ordre qui défend aux tourtes du faubourg d'entrer dans la ville, et aux habitans de la ville d'en manger sous peine d'amende et de prison ; il faudra donc bien que vous achetiez mes tourtes et que vous les mangiez au nom de la loi et de la justice. » — « Voilà, mon voisin, de la justice à la turque. » — « C'est possible, mon voisin, mais cela m'est égal. Pour vous consoler, je vous dirai qu'au moyen d'une prime d'encouragement que vous me donnerez encore en sus du prix, j'ai l'espoir qu'avec le temps j'apprendrai à bien faire les tourtes, et qu'ainsi vos enfans ou vos petits enfans pourront, au prix où je vous les ferai manger aujourd'hui, les manger meilleures que vous. » — « Bien obligé, voisin; ce que je vois ici de plus clair, c'est que, après avoir payé les frais de votre apprentissage, je suis condamné pour le reste de ma vie à manger de mauvaises tourtes, parce qu'il vous a pris la fantaisie d'en faire lorsque personne ne vous en priait. Quant à l'avantage ou l'honneur qui en résultera pour notre quartier, vous me ferez bien plaisir en me le faisant connaître ? » — « L'honneur, mon voisin, est que notre quartier a une industrie de plus. L'avantage, est que votre argent n'ira plus au faubourg. » — « Et que m'importe à moi qu'il aille au faubourg ou dans votre poche ? il n'en restera pas un sou de plus dans la mienne; et si l'argent du quartier va dans le faubourg, les tourtes du faubourg viennent dans le quartier. Ainsi, mon voisin, ma remarque subsiste, et vous auriez beaucoup mieux fait de ne pas vous mêler de faire des tourtes. »

« Moi, monseigneur, je suis de l'avis de l'amateur de tourtes ; pourquoi faire ce qu'on fait ailleurs aussi bien, à aussi bon marché que possible ? qu'y gagnerons-nous, s'il est certain que vous ne pourrez pas faire mieux ? et que vous ne ferez aussi bien qu'en augmentant le prix ? Si vous voulez créer une industrie nouvelle, si vous voulez qu'elle soit avantageuse au pays, faites ce qu'on ne fait pas ailleurs, ce qu'on n'y fait pas bien, ou ce qu'on ne fait pas à aussi bon marché que vous pouvez le faire ; et pour cela vous n'avez pas besoin de prohibition : mais créer pour faire mal, pour faire à plus de frais, avec la certitude de ne jamais faire mieux ou au même prix, c'est une chose nuisible et non une chose utile. »

— « Mon savant vigneron, on fait assez bien le sucre dans l'Amérique et dans l'Inde ; cependant croyez-vous que nous ayons eu tort d'en faire aussi chez nous ? Et pensez-vous que sans l'impôt prohibitif, qui repousse les sucres étrangers, nous aurions nos sucreries de betteraves ? Est-ce encore là une chose nuisible et non utile ? »

— « Je vous répondrai, monseigneur, que si nos fabriques de betteraves nous donnent du sucre à

meilleur marché que l'étranger, elles sont un bien;
s'il est plus cher, elles sont un mal, et je le prouve.
Il est évident que si le terrain qui nous rapporte
une livre de sucre de betterave, nous procurait en y
plantant autre chose de quoi acheter deux livres de
sucre de canne, nous aurions tort d'y planter des
betteraves. »

— « Mon cher, raisonnez donc un moment; cela
est fort bon pendant la paix, mais en temps de
guerre, et lorsque les communications seront diffi-
ciles, vous n'aurez plus de sucre de cannes, ou vous
ne l'aurez qu'à haut prix. » — « Alors, excellence,
je ferai du sucre de betterave comme j'en aurais fait
s'il n'y avait pas eu de cannes. On ne peut d'ailleurs
prendre pour règle ce qui n'est qu'un désordre. La
guerre est un accident, comme l'incendie qui brûle
mes pressoirs, la grêle qui coupe mes ceps, la pluie
qui fait couler mes grappes; le mal est pour tout le
monde, l'étranger en souffre autant que moi. S'il
fait son sucre pour me le vendre, il a autant d'intérêt à me l'apporter que moi à le recevoir, et il join-
dra ses efforts aux miens pour qu'il me parvienne, car
il sera forcé d'arracher ses cannes, si je suis obligé
de planter des betteraves; n'attribuez donc pas aux
lois prohibitives ce qui est la conséquence du temps,

le résultat des circonstances, et ce que j'aurais fait
par la seule raison que je ferai toujours ce dont j'ai
besoin, et que je pourrai faire à meilleur marché que
je ne l'aurais ailleurs. Vous cultivez en France de l'a-
voine, de l'orge, du lin, des oliviers, des mûriers,
et vous en cultiviez avant que les prohibitions eussent
été inventées. Pourquoi cela? parce que vous avez
eu besoin de chevaux, de toile, d'huile, de soie, et
que vous avez senti que vous aviez plus d'avantage
à les produire qu'à les acheter. Celui qui le premier
a fait du vin en France a rendu un service aussi
grand que celui qui le premier y a fait du sucre, et
rien n'annonce que l'industrie du premier vigneron
ait été soutenue du monopole et du privilége. Je dis
donc qu'une fois démontré qu'on pouvait tirer du
sucre de la betterave à aussi bon marché que de la
canne, c'est-à-dire que nous avions la matière première; cela suffisait : on aurait fait du sucre de betterave sans qu'il fût besoin de droits prohibitifs. »

—« M. Cristophe, vous comptez ici sur la matière
première : mais si nous ne l'avons pas, si notre sol
ne la produit pas, si nous ne pouvons nous la procurer que de la seconde main, tandis que l'étranger
l'aura sans intermédiaire, que deviendront nos avances, lorsque les prohibitions ne nous défendront

plus? Les Anglais, par exemple, qui ont du coton
à bon marché, nous apportent du calicot qui coûte
moitié moins que celui que fabrique votre compatriote et qui vaut mieux; vous achetez du calicot anglais, et voilà votre compatriote qui ne peut plus
vendre le sien. » — « Alors il cessera d'en faire. »
— « Et que fera-t-il? »

— « Monseigneur, je vous répéterai encore mon
dicton : L'intérêt de la masse doit marcher avant l'intérêt particulier. Le bon Dieu n'a pas fait l'homme
pour être mangé des rats. Les marchands sont pour
les acheteurs, et non les acheteurs pour les marchands; et cela dans l'intérêt des marchands comme
des acheteurs, puisque tout marchand est d'abord
acheteur. Il y a cent mille consommateurs pour un
fabricant de calicot; or, si cent mille de mes compatriotes gagnent lorsqu'un seul perd, il y a bénéfice
réel : d'ailleurs, si les Anglais me vendent du calicot, ils en font certainement plus qu'ils n'en faisaient lorsqu'ils n'en vendaient pas; alors il est pro-
bable qu'il y a quelque chose qu'ils font de moins,
par la raison qu'un homme ne peut jamais être deux
hommes, c'est-à-dire faire tout ce que pourraient
faire deux hommes qui font tout ce qu'ils peuvent.
Vous direz à cela que les Anglais ne faisaient pas tout

ce qu'ils pouvaient faire avant de me vendre du calicot ; s'il en était ainsi, tant pis pour les autres peuples, car si les Anglais ne faisaient que la moitié de
ce qu'il faut faire pour vivre, et s'ils vivaient, c'est
que quelqu'un faisait l'autre moitié ; qu'ainsi il les
faisait vivre en travaillant pour eux ; ou, ce qui est la
même chose, en payant la moitié de leur travail du
même prix qu'il aurait payé leur travail tout entier.
Le calicotier pourra donc faire ce que les Anglais ne
font plus depuis qu'ils font du calicot, ou prendre
tout autre état s'il y trouve plus d'avantage. »

— « M. Cristophe, mon ami, un autre état ne
s'apprend pas en un jour, vous venez vous-même
d'en convenir. Je fais du calicot depuis mon enfance,
je ne sais pas faire des couteaux ou des bouteilles,
et je serai mort de faim avant de l'avoir appris. »

— « Sans doute, monseigneur, cela arrivera si
vous voulez faire ce que vous ne pouvez pas faire
ou ce qui demande trop de temps à apprendre ; cela
se voit en France comme en Angleterre, dans le pays
le plus civilisé comme dans celui qui l'est le moins ;
mais cela n'arrivera qu'à des individus isolés qui
n'ont ni raison, ni prudence, ou que des circonstances malheureuses environnent, et jamais à la
masse ; et puis je ne vous dis pas de supprimer

spontanément toutes les prohibitions : elles sont établies, c'est un mal ; mais enfin l'industriel a calculé son avenir sur les conséquences mêmes de ce mal, il faut bien lui donner un délai pour se disposer au remède et assurer la guérison ; on n'expose pas subitement un convalescent au grand air ; on le prépare par degrés en le faisant respirer doucement à la fenêtre. Il faut que chacun ait le temps de changer la nature de son travail s'il prévoit qu'il ne peut soutenir la concurrence, et de s'arranger pour faire ce que ne fait pas l'étranger ou ce qu'il peut faire mieux que l'étranger. » — « Mais, M. Cristophe, si l'Anglais vous apporte du calicot ; l'Allemand, des serrures ; le Russe, des cordages ; l'Espagnol, de la cire, et ainsi des autres peuples, il ne vous restera rien à faire. »

— « Pardonnez-moi, excellence, il me restera à faire tout ce que les Anglais, les Allemands, les Russes, les Espagnols et les autres peuples demanderont en retour de leur calicot, de leurs serrures, de leurs cordages et de leur cire. »—« Mais s'ils ne demandent rien de ce que vous faites ? » — « Alors je donnerai à l'Espagnol les serrures de l'Allemand ; à l'Allemand, le calicot des Anglais ; à l'Anglais, les cordages du Russe ; au Russe, la cire de l'Espagnol ;

ce sera là mon industrie, et j'en vivrai. » — « Ils voudront encore moins ce qu'ils recevront ainsi de la seconde main et qu'ils pourraient avoir de la première. » — « Eh bien ! que voudront-ils, enfin ? » — « Je vous l'ai déjà dit : ils voudront du numéraire. » — « Je vous ai déjà répondu que je leur en donnerai. » — « Mais quand vous n'en aurez plus ? » — « Eh bien ! je ne leur en donnerai plus ! » — « Mais vous n'aurez plus rien. » — « Pardon, j'aurai ce qu'ils m'auront apporté pour mon numéraire. » — « Et si vous l'avez consommé ? » — « Ils m'en apporteront encore. » — « Non, puisque vous n'aurez plus d'argent pour les payer. » — « Alors il faudra bien que je fasse moi-même ce qu'il ne m'apporteront plus. C'est précisément ce que vous voulez. » — « Mais vous ne saurez rien faire. » — « Pourquoi cela, s'il vous plaît ? Vous supposez que moi, cordonnier, je ne ferai plus de souliers, parce que j'ai acheté un habit ; que moi, tailleur, je ne ferai plus d'habits, parce que j'ai acheté des souliers ; que moi, serrurier, je ne ferai plus de serrures, parce que j'ai acheté du fer pour faire des serrures ; que moi, cirier, je ne ferai plus de bougies, parce que j'ai acheté de la cire. Si j'achète quelque chose, c'est parce que j'en veux faire quelque chose, c'est parce que j'ai le moyen d'acheter; si j'ai le moyen d'acheter, c'est que je travaille ou que j'ai travaillé; si j'ai travaillé, est-ce une raison pour que je ne travaille plus? ou pour que les autres ne travaillent pas? »

— « Vous sentez pourtant, mon cher, qu'un homme qui saura qu'il n'a des souliers ou des habits à faire que pour lui, n'apprendra à faire ni des souliers ni des habits; ainsi il n'y aura plus chez vous ni cordonniers ni tailleurs, si la masse des consommateurs achète tout à l'étranger. »

— « Monseigneur, avant d'être consommateur, il faut bien être producteur, c'est la condition *sine quà non*. Si j'ai été producteur, pourquoi cesserais-je de l'être? Parce que j'ai de l'argent; mais pour en avoir encore, il faut que je fasse ce que j'ai fait pour m'en procurer d'abord; je sais bien que sans argent, je n'aurai rien ; or, parce qu'avec 3 fr., que j'ai gagnés dans ma journée, j'ai acheté un boisseau de pommes de terre, vous croyez que je vais rester oisif; mais je sais que si je ne fais rien, je n'aurai pas de beurre pour mettre dans ces pommes de terre, ni de charbon pour les faire cuire. Je sais aussi que, quand je les aurai mangées, si je n'ai pas de quoi en acheter d'autres, je mourrai de faim; par conséquent, je travaille pour avoir encore des pommes de terre, du beurre pour mettre dedans, et du charbon pour les faire cuire. »

— « Mon ami, il est quelque chose que vous oubliez dans la combinaison de votre sauce, quoique vous y paraissiez fort entendu; c'est qu'il est des pays où les pommes de terre, le beurre et le charbon sont plus ou moins chers; et vous savez que la main d'œuvre est à bien meilleur marché dans le pays où le peuple vit à peu de frais. »

— « Eh bien! monseigneur, sous ce rapport, nous avons un avantage marqué sur les Anglais, et nous devrions tout fournir aux Anglais. »

— « Les Anglais, M. Cristophe, ont l'Inde, où les ouvriers travaillent à 2 sous par jour. »—« Aussi, monseigneur, ils en font pour 2 sous par jour; mais j'admets que les Indiens à 2 sous travaillent autant que les Européens à 2 fr., qu'en résultera-t-il? Ils feront de la mousseline, des cachemires, du nankin; alors nous aurons tous ces objets au quart de ce qu'ils nous reviennent maintenant. Quel dommage cela vous fait-il? S'il nous en coûte moins pour parer nos femmes et nos filles, et mettre en culottes nos petits garçons, il nous restera plus d'argent pour acheter quelque autre chose ou plus de temps pour la faire, et je ne vois pas qu'il y ait grand mal à cela. Si l'étranger nous apportait tout pour rien, nous n'aurions rien à faire pour vivre; s'il nous apporte tout pour presque rien, nous vivrons pour presque rien; or, par la seule raison qu'il nous approvisionne à bon marché, nous voilà dans la même position que lui; on vit chez nous comme chez lui à peu de frais, et nous pouvons fabriquer aussi à peu de frais; alors quel avantage lui reste-t-il sur nous? »

— « Si nous ouvrons toutes les portes, M. Cristophe, si nous laissons arriver l'étranger avec tous ses produits, vous n'exigerez certainement pas qu'on fasse une exception pour vous seul : ainsi il est juste que je laisse entrer aussi les vins étrangers ? »

— « Pourquoi pas, monseigneur? levez votre droit de 1 fr. 10 c. par litre, je n'y tiens pas. Ce n'est ni du Bourgogne, ni du Champagne, que m'enverra l'étranger; le vin qu'il me fera boire, il ne le boira pas; s'il boit moins du sien, il boira plus du mien, et s'il veut me donner du Malaga pour du Surêne, je le boirai à sa santé et à la vôtre. » — « Bien obligé; et je vous y prends, l'habile homme : vous voulez bien que le vin entre, pourvu que ce ne soit ni Bourgogne, ni Champagne; probablement que vous avez vos raisons pour cela? Et que diriez-vous si l'on faisait ailleurs du Bourgogne et du Champagne? »

— « Si l'on en faisait ailleurs, il serait ou égal au mien, ou meilleur, ou pire; s'il était égal, je ne craindrais pas la concurrence, car, ayant l'économie du port, je pourrais le livrer à meilleur marché; s'il était pire, je la craindrais moins encore; et s'il était meilleur, je tâcherais de le faire aussi bon ou à un prix qui compensât la qualité. Si je n'y parvenais pas, il serait dans mon intérêt, comme dans celui du pays, d'employer mes terres à toute autre culture. Je pourrais y gagner ou y perdre, peu importe à la masse, qui aurait de meilleur vin à aussi bon marché qu'elle en avait de médiocre. »

— « Nous reviendrons sur ce chapitre, M. le vigneron; pour l'instant, il me suffit, si vous ne voulez pas de prohibitions à l'entrée, que vous conveniez que celles à la sortie sont indispensables? »

— « Pas davantage, monseigneur. »

— « Écoutez-moi, M. Cristophe. Il est certaines matières premières, nécessaires à vos manufactures; les chiffons, par exemple, vous servent à la confection du papier; si, n'ayant de chiffons que la quantité qu'il vous faut pour alimenter vos papeteries, vous laissez sortir les chiffons, vous ferez moins de papier ou vous n'en ferez plus, et vos concitoyens le paieront plus cher. »

— « Je vous dirai, monseigneur, qu'il y a ici deux industries distinctes, celle de ramasser des chiffons et celle de faire du papier : ceux qui veulent faire du papier sont les maîtres de ramasser eux-mêmes les chiffons. S'ils les laissent recueillir à d'autres, ces autres doivent être les maîtres de les vendre à ceux qui leur en offrent un meilleur prix. Pourquoi voudriez-vous, lorsqu'ils se sont donné la peine de les chercher, de les transporter, de les emballer, lorsqu'ils ont fait l'avance de leur temps et de leurs fonds, qu'ils livrassent ces chiffons à Thomas qui leur en offre 2 fr. du cent, tandis que Jean leur en propose 4 ? Cela n'est pas juste en principe ; et je vais vous faire voir que cela n'est pas plus utile en pratique. Si vous laissez sortir vos chiffons, qu'en résultera-t-il ? Ceux qui veulent faire du papier chez vous, donneront aux marchands de chiffons le même prix que l'étranger : ils augmenteront le prix de leur papier dans une proportion égale ; ils n'y perdront pas : le marchand de chiffons aura gagné, et, en résultat, l'étranger aura payé son bénéfice. »—« Mais le pays paiera son papier plus cher. » — « Oui, mais il aura vendu ses chiffons, et si le déboursé de celui qui consomme du papier augmente, c'est au profit, non de l'étranger, mais d'une classe d'industriels, des marchands de chiffons; c'est une affaire toute intérieure. » — « Mon cher ami, si vous gagnez sur vos chiffons, vous gagneriez davantage sur le papier. » — « Si je gagne davantage sur le papier, vous sentez bien, excellence, que je ne serai pas assez sot pour vendre mes chiffons; pour que je les cède à l'étranger, il faut qu'il me donne un bénéfice plus fort, proportion gardée, que celui que j'obtiendrais sur le papier. » — « Oui, vous marchand, vous gagnerez; mais l'ouvrier qui ne travaillera plus ? » — « Ici, monseigneur, le marchand ou l'ouvrier, c'est le même. Propriétaire des chiffons, il est le maître de leur donner le degré de préparation qu'il veut, et il les vend en nature ou en papier, selon les circonstances et l'avantage qu'il y trouve. » — « Si vous laissez sortir vos chiffons, les étrangers vous imposeront leur papier. » — « Pourquoi cela ? monseigneur. » — « Parce que les fabriques de papier tomberont chez vous. » — « Je n'en crois rien : tant que les étrangers tireront de chez nous leurs chiffons, ils leur reviendront plus chers qu'à nous, qui aurons en moins les frais de transport, et je ne vois pas par quelle raison la fabrication nous coûterait davantage, et pourquoi nous ferions plus mal? Si cela arrivait, s'il était impossible que nous fissions aussi bien et avec autant d'économie, il serait de notre intérêt de vendre cher nos chiffons et d'avoir du papier à bon marché; nous y gagnerions tout le temps que nous employons à faire du papier, et vous savez que c'est le temps qui procure la richesse, et que son économie est un gain réel chez un peuple industrieux. Remarquez, en outre, que si chacun tirait un bon prix de son vieux linge, il aurait moins d'intérêt à ménager son linge neuf; on ferait plus souvent blanchir sa chemise. Ainsi l'étranger, en achetant nos chiffons, contribuerait au bien-être de ceux qui sèment le lin et le chanvre, de ceux qui préparent le fil, de ceux qui tissent la toile et de tous ceux qui en font le commerce. Il est donc évident qu'en prohibant les chiffons à la sortie pour aider au faiseur de papier, vous faites tort au cultivateur, au négociant, au fabricant de toile, enfin aux individus qui font usage de chemises, et qui les vendent quand elles sont vieilles.

« Il en est de même de toute matière première : prohibez le houblon à la sortie, vous favorisez ceux qui font de la bière, mais vous nuisez à ceux qui le cultivent, à ceux qui en font le commerce et encore

Opinion

DE

M. CRISTOPHE.

PREMIÈRE PARTIE.

PARIS, IMPRIMERIE ET FONDERIE DE PINARD,
RUE D'ANJOU-DAUPHINE, Nº 8.

à ceux qui consomment ce que le houblon procure en échange. Vous l'avez si bien reconnu, que vous avez cessé de prohiber le houblon à la sortie, et qu'on n'en fait pas une pinte de bière de moins. Ensuite, ne vous fatiguez pas à démêler les intérêts du marchand et de l'ouvrier, du travailleur et du consommateur. Tout est travailleur et consommateur ; nuire au consommateur, c'est nuire au travailleur, car il consomme avant de travailler. »

— « Vous supposez toujours que l'on travaillera, que l'on fera tout, mais si l'on ne fait pas? » — « Tant pis pour celui qui ne fait pas, il s'agit seulement de prouver qu'on peut faire. Pierre fait des souliers et Paul n'en fait pas ; si vous me demandez pourquoi Paul ne gagne pas sur les souliers, je vous répondrai : c'est qu'il n'en fait pas. Un homme meurt de faim, je lui dis : « Pourquoi ne travailles-tu pas? » Il me répond : « J'aime mieux mourir de faim. » Je n'ai rien à répliquer. Je parle donc ici de pouvoir faire et non de ne pas vouloir ; car ce que nous pouvons, quand nous ne le voulons pas, est absolument comme ce que nous ne pouvons pas. Vous ne devez donc pas m'opposer pour exemple un peuple paresseux, car je vous demanderai : « Pourquoi est-il paresseux? » S'il l'est, cela ne prouve nullement qu'on ne puisse faire ce qu'il ne fait pas, cela tend plutôt à démontrer le contraire ; ainsi, pour être conséquent, il faudrait citer un peuple industrieux et libre, qui fait tout ce qu'il peut faire, et qui cependant s'appauvrit et souffre. »

— « Je crois que vous vous échauffez, M. le vigneron ; prenez garde, cela pourrait vous faire mal. Je prends paisiblement vos réflexions comme elles viennent, faites-en de même pour les miennes. »— « C'est juste, monseigneur; si j'ai dit quelque sottise, excusez, l'intention n'y est pas ; quoique je babille un peu, je n'en suis pas pour cela un méchant homme, et je n'en ai pas moins une vieille futaille pour le père de la famille quand il passera chez nous. Au surplus, pour que vous ne me croyez pas de ces gens qui se plaignent toujours, je vous dirai que je sais bon gré à un de vos anciens collègues qui, entre nous soit dit, entendait assez bien son affaire, d'avoir fait ce qu'il appelle l'enquête commerciale ; je trouve cela bien et sagement imaginé. »

— « C'est très flatteur pour lui ; puisque vous êtes si bon, j'admets pour un moment avec vous que tous les gouvernemens adoptent cette liberté sans limites, qu'en arrivera-t-il ? Que la nation la plus industrieuse deviendra la plus riche ; devenue la plus riche ou la plus forte , ce qui est la même chose, elle empêchera les autres de devenir industrieuses; et après les avoir rendues ses tributaires, elle finira par les conquérir et les anéantir. La liberté du commerce est bonne pour nous, si nous sommes le peuple le plus actif et le plus industrieux; elle est mauvaise s'il y a un peuple plus habile que nous. » — « Là dessus, excellence, mon cousin en dit long...» M. Christophe reprit haleine, et, se grattant le front, il commença à débiter tout d'un trait les phrases qu'il se rappelait, sans trop s'embarrasser si elles répondaient à la question , répétant ce qu'il avait déjà dit par forme de restitution de ce qu'il ne dirait pas. Au total, voilà à peu près comme il s'exprima :

« Une nation est, elle vit; mais son sol est stérile, de quoi vit-elle? de son travail; c'est son moyen d'échange : elle échange donc son travail contre les productions d'un autre pays; cette nation travaille ainsi pour un peuple dont l'industrie est différente de la sienne, ou qui travaille moins : car il est certain que tout peuple qui a, peut faire tout ce que fait un peuple qui n'a pas; mais si ce peuple propriétaire fait ce que fait le peuple qui ne l'est pas, il n'aura pas le temps de faire autre chose, il ne cultivera pas son sol. Si tous les peuples faisaient la même chose, tous les peuples n'auraient qu'une chose; si un peuple avait tout, ou faisait tout, ou savait se priver de tout, il n'aurait besoin d'aucun autre peuple et pourrait se passer d'échange, mais ce peuple nuirait à son bien-être; car, ou il s'imposerait des privations, ou il ferait le travail qu'il pourrait se dispenser de faire en le payant avec son superflu, c'est-à-dire avec les choses dont il a plus qu'il ne peut consommer. Un peuple a beaucoup de lard, il peut vivre avec du lard; mais son bien-être augmentera s'il peut échanger une partie de son lard chez un peuple qui a beaucoup de bœuf. Chacun de ces deux peuples, au lieu de manger toujours du lard ou toujours du bœuf, mangera du lard et du bœuf : les deux peuples auront donc gagné eu bien-être.

« Le but de tout homme est de vivre d'abord, et de vivre le mieux possible ensuite; pour vivre il faut qu'il travaille, pour bien vivre il faut qu'il travaille bieu. Pour que son travail le fasse vivre, si son sol ne produit rien, il faut qu'il ait quelqu'un avec qui il puisse échanger le produit de ce travail. Si son sol produit de quoi le faire vivre, il faut encore qu'il ait quelqu'un pour échanger son superflu afin de pouvoir bien vivre. Par conséquent, tout peuple a un intérêt à ce qu'un autre peuple existe, car s'il n'existe pas, il ne lui fournira rien. Je suppose qu'un tremblement de terre engloutisse les îles Britanniques; quel serait pour nous le résultat? nous perdrions tout ce que nous recevons des Anglais en échange de ce que nous leur donnons. Quand une nation disparaît ou même décroît, c'est un dommage pour toutes les autres; dès qu'elle augmente, c'est un avantage; car le travail d'un homme fait subsister un autre homme. Un Anglais travaille, nous disons: C'est un Français qui ne travaille pas. Je dis, au contraire, un Anglais travaille parce qu'un Français travaille.

« Le gouvernement fait payer un impôt de 20 fr. à la laine qui entre de l'étranger et sert à faire le drap dont je m'habille; et le gouvernement donne une prime de 20 fr. à ce drap lorsqu'on l'envoie à l'étranger. Le gouvernement me fait payer d'abord mon drap 20 fr. plus cher qu'il ne vaut, et il me prend encore 20 fr. pour que l'étranger le paie 20 fr. meilleur marché que moi. Pourquoi cela? c'est pour que je fasse du drap et que l'étranger n'en fasse pas; mais, comme nous l'avons dit plus haut, si l'étranger ne fait pas de drap, je ne ferai pas ce que je lui donne en échange, et il fera autre chose; tout ce qui pourrait m'arriver de pis, serait qu'il ne fît rien.

« Si tous les hommes cessaient de travailler, tous

les hommes mourraient de faim ; si la moitié des
hommes cessaient de travailler et vivaient, c'est que
l'autre moitié travaillerait pour elle et pour eux. Le but
des prohibitions est d'empêcher une partie des hommes
de travailler ; en empêchant ces hommes de travailler, ou nous les faisons mourir, ce qui est nuisible à
eux et à nous ; ou bien s'ils vivent, c'est que nous
les nourrissons. Tout homme qui travaille, quelle que
soit la nature de son travail, s'il peut servir de moyen
d'échange, concourt au bien de tous. L'être à charge
à la société est celui qui consomme et ne produit
pas ; mais en règle générale, s'il consomme, c'est
parce qu'il a : pour avoir, il faut qu'il travaille ou
qu'on travaille pour lui ; si l'on travaille pour lui, c'est
qu'il nourrit ceux qui travaillent. Alors il rentre dans
la classe utile, car faire travailler, c'est travailler.

« Un homme, quelque riche qu'il soit, quelque dépense qu'il fasse, ne dépense réellement que ce qu'il
consomme lui-même ; c'est-à-dire, ce qu'il mange
et ce qu'il use : tout le reste est consommé par les
autres ; il n'a donc véritablement en propriété que ce
que son estomac comporte ou à peu de chose près.
Mais s'il nourrit les autres de son avoir, les autres
contribuent à son bien-être par leur travail en le ser-
vant, en maintenant son aisance, en l'augmentant ;

c'est un échange de services, un marché conditionnel et utile à chacune des parties contractantes. Quand un peuple a consommé tout ce qu'il peut consommer, ce qui est en plus est perdu ou sert à faire vivre les autres peuples. Une nation pauvre ne risque donc jamais rien à se mettre en relation avec une nation riche, et la nation riche ne nourrit la nation pauvre que pour en tirer des services ou des profits. »

Ici son excellence bailla, M. Christophe s'arrêta un moment par respect, et puis continua son improvisation.

« Si la France devenait le seul pays habité de la terre, elle n'aurait plus besoin d'une triple ligne pour repousser les produits des fabriques étrangères, mais aussi elle n'aurait plus rien à fabriquer pour l'étranger. Il en serait de même si les étrangers restaient sans produire ; elle n'en recevrait rien soit en matières, soit en services, et ne leur fournirait plus rien : or, si chez vous personne ne voulait rien faire, si nous n'avions plus ni maçons, ni tailleurs, ni cuisiniers ; si vous étiez obligé de faire tout vous-même, seriez-vous mieux logé, mieux vêtu, mieux nourri ? Non ; donc votre nation ne sera pas plus heureuse quand l'étranger ne fera rien. Elle le sera, au contraire, beaucoup moins. L'existence d'une na-

tion et sa prospérité contribuent donc à l'existence
et à la prospérité d'une autre nation. Il suffit même
d'un peuple industrieux sur une partie du globe pour
rendre industrieux tous ses voisins. Pour que ce
peuple reste industrieux, il est encore nécessaire que
ses voisins le soient; s'il empêchait ses voisins de le
devenir, s'il détruisait l'industrie existante chez eux,
si enfin il restait le seul peuple industrieux de la terre,
il cesserait bientôt de l'être, parce qu'il serait forcé
d'échanger des produits parfaits contre des produits
qui le seraient moins, c'est-à-dire du bon contre du
mauvais; et parce que, n'étant pas tenu de faire du
bon, bientôt lui-même ferait du mauvais et retom-
berait, comme ses voisins, dans la barbarie.

« Un perfectionnement chez une nation force les
autres à perfectionner. Pour que les moyens d'é-
change soient égaux, il faut que deux peuples fabriquent également bien. Un peuple industrieux et riche
ne peut faire un commerce durable et avantageux avec
un peuple pauvre et sans industrie; il résulte donc
de tous les motifs que nous venons de déduire,
qu'une nation n'a aucun intérêt à détruire l'industrie
des autres peuples, parce que, s'ils ne font rien pour
elle, elle ne fera rien pour eux; s'ils font mal, elle
fera mal; s'ils font peu, elle fera peu. On joue peu

avec ceux qui ont peu ; on ne joue pas avec ceux qui
n'ont pas. Il faut non seulement que ces peuples travaillent et vivent, mais qu'ils s'enrichissent, qu'il y
ait chez eux surabondance, parce que cette surabondance lui reviendra en partie, et qu'elle profitera de
leur richesse comme ils profiteront de la sienne ; s'ils
font beaucoup, elle leur fournira beaucoup. »

— « Cependant, M. Cristophe l'orateur, s'ils
font ce que je fais moi-même, j'ai un grand intérêt à
changer le genre de leur industrie. » — « Ou à changer le vôtre, monseigneur. Si vous voulez changer
le leur, vous n'y parviendrez qu'en faisant mieux et
à meilleur marché, et ils n'y perdront pas puisqu'ils
profiteront, d'une part, du bon marché, et de la
qualité supérieure de ce que vous leur fournirez,
et que, de l'autre, ils s'occuperont à faire ce
qu'ils pourront faire mieux que vous. Un de vos
amis fait ses bas lui-même ; ils lui reviennent à
4 francs la paire ; vous lui dites : Mon ami, ne
vous fatiguez plus à faire des bas, je vous en
donnerai qui ne vous coûteront que 2 fr. et qui du-
reront plus que les vôtres. Au lieu de faire des bas
que vous ne parviendrez jamais à faire aussi bien que
moi, par des raisons qui tiennent aux localités,

faites-moi un chapeau : car je ne peux pas plus faire de bons chapeaux que vous de bons bas.

« Ce que vous dites à votre ami, les nations se le diraient et agiraient de même, si une ambition mal entendue, un vain désir de vouloir tout faire, n'avaient pas inspiré aux gouvernans les prohibitions et toutes les mesures ennemies de l'ordre et de la paix. Vouloir tout faire, c'est le moyen sûr de faire tout mal : il serait ridicule d'ordonner que chaque famille fabriquât tout ce qu'elle consomme, il n'est pas plus raisonnable de l'exiger d'un peuple. Dans certaines peuplades isolées qui sont forcées de tout produire elles-mêmes, tout est grossier et imparfait. On ne fait bien et à peu de frais que ce que l'on peut faire en grande masse ; ce que l'on fabrique en petit est comme la liqueur de ménage qui coûte cher et ne vaut rien. Pourquoi donc chaque peuple veut-il faire un peu de chaque chose ? N'est-il pas préférable qu'il fasse beaucoup de celle qu'il peut bien faire ? La France et l'Angleterre font chacune, par an, un million d'aunes de dentelle et un million d'aunes de tulle ; la dentelle anglaise n'est pas bonne, le tulle français n'est pas meilleur ; ne serait-il pas naturel que la France fît deux millions d'aunes de belle den-

telle, et l'Angleterre deux millions d'aunes de bon
tulle? Pourquoi cela n'est-il pas ainsi? parce que les
prohibitions s'y opposent.

« Laissez deux peuples échanger librement leurs
produits; bientôt l'un ne fera plus ce que fait l'autre;
chacun s'arrangera pour produire ce qui manque à
l'autre et ce qui sera le plus avantageux à tous deux.
Cela arrivera par la seule conséquence de l'intérêt
commun et du laisser-faire. Laissez libre une nation
et soyez sûr que son industrie s'élèvera toujours à la
hauteur des nations avec qui elle sera en relation; si
cela n'arrivait pas, ces relations cesseraient d'elles-
mêmes: car, encore une fois, personne ne veut faire de
mauvaises affaires, et ceux qui font bien et à bon marché ne vous apporteront rien, si vous faites mal et à
haut prix. La misère d'un peuple ne peut donc être
utile à personne, et celle de nos voisins moins à
nous qu'à tout autre; une commune riche ne gagne
rien à ce que celle qui la touche soit affamée;
quand je fais bâtir une maison, je n'irai pas choisir
la rue où il n'y a que des chaumières et des men-
dians, mais celle où sont les capitalistes et les pa-
lais. Pourquoi? parce que je n'ai rien à gagner
avec ceux qui n'ont rien; qu'au contraire, je souf-
frirai toujours plus ou moins de leur malaise. Nous

faisions la guerre aux Anglais pour les empêcher de travailler, nous aurions dû la leur faire pour les y obliger ; car il est certain que quand l'industrie languit en Angleterre, elle doit souffrir en France, et, comme nous l'avons déjà dit, la ruine de l'Angleterre serait aussi préjudiciable à la France que celle de la France à l'Angleterre. »

M. Cristophe toussa. Son excellence, pour se tenir éveillée, voulut placer son mot, elle n'y put parvenir ; M. Cristophe reprit brusquement son résumé et continua à débiter son chapelet, sans trop s'embarrasser de quelques contradictions que son excellence dédaigna de relever.

« L'isolement des nations, les barrières que vous placerez entre elles ne peuvent jamais servir à leur amélioration et à leur bien-être ; les prohibitions tendent à détruire les communications, et sans communications point de perfectionnement, point de richesses ; preuves : le Brésil, le Mexique, enfin tous les établissemens espagnols et portugais, naguère fermés aux autres peuples. L'isolement produit l'ignorance, et l'ignorance la pauvreté ; la richesse et l'industrie ne paraissent qu'avec la comparaison et la concurrence, c'est-à-dire avec le rapprochement ; et il ne peut y avoir de rapprochement de nation à nation que par le commerce; et moins vous l'environnerez de formalités et d'entraves, moins vous poserez de lignes de démarcation, moins vous rétrécirez le cercle et bornerez son horizon, plus il deviendra actif et prospère.

« Qu'il paraisse un souverain qui réunisse sous son gouvernement la France, l'Italie, l'Allemagne, l'Angleterre, la Prusse, etc., pensez-vous qu'il serait de l'intérêt de ces peuples qu'une barrière fût établie entre chacun d'eux et qu'on prohibât la circulation des produits d'un État dans l'autre? Si vous le croyez, vous pensez donc qu'il serait utile de mettre un cordon autour de la Normandie, et d'empêcher le cidre de Picardie d'entrer en Normandie, parce que cela ferait tort aux cultivateurs de Normandie? Eh bien! la différence de gouvernement ne change rien à la question, et l'état de l'Europe est absolument le même. En cherchant à isoler une nation d'une autre nation, non seulement vous nuisez à leur industrie, mais vous fomentez des sujets de haine et de discorde. Que les peuples commercent librement entre eux, les guerres deviendront plus rares, parce qu'elles froisseront plus d'intérêts. Les prohibitions sont une espèce d'état de guerre, un blocus continuel; et avez-vous jamais remarqué qu'un blo-

cus ou qu'une guerre fussent utiles à l'industrie, fa-
vorisassent l'agriculture, les manufactures, le commerce? qu'ils rendissent un peuple plus travailleur?

« Un peuple guerrier, c'est-à-dire un peuple oisif, est certainement le fléau de tous. Non seulement
il ne travaille pas, mais il m'empêche de travailler.
Après avoir dévoré ma substance, il cause ma mort;
et lorsqu'il n'a plus rien à dévorer, il meurt lui-même.
Aussi tous les peuples guerriers, lorsqu'ils ne sont pas
devenus des peuples industrieux, ont disparu de la
terre ; leurs passages n'ont été marqués que par des
déserts où ils ont fini par s'enfouir eux-mêmes. Les
gouvernemens prohibitifs, en nous entourant d'une
ligne de tarifs, d'une triple enceinte d'agens, de son-
des et de formalités, produiraient un effet semblable:
en parquant les peuples, ils les ramèneraient peu à
peu à l'oisiveté et à la barbarie.

« D'ailleurs, pour maintenir les prohibitions,
vous êtes contraint de porter des peines contre ceux
qui les enfreignent, par conséquent d'instituer une
jurisprudence spéciale, une criminalité de circonstance; il faut que vous déclariez qu'une action, in-
différente en elle-même, est devenue mauvaise, parce
que vous voulez qu'elle le soit; que ce qui était bien
hier est devenu mal aujourd'hui. Vous inventez des

délits nouveaux, vous créez des crimes de conven-
tion. Le résultat infaillible de pareilles combinaisons,
qui s'éloignent autant d'une bonne morale que de la
saine politique, est d'affaiblir dans l'esprit des peuples l'horreur pour les crimes réels, d'effacer la ligne
qui sépare l'honnête de ce qui ne l'est pas ; et, par
la confusion du juste et de l'injuste, conduire enfin
à des actions véritablement coupables, c'est-à-dire
à la fraude, à la violence, à l'abus de la force, à la
haine de l'ordre et du travail; c'est ainsi qu'on voit
des populations entières complètement démoralisées
et en hostilité permanente contre les lois. Par cela
seul, les prohibitions seraient un grand mal; car
elles font des milliers de coupables »

— « L'oisiveté ! la barbarie ! des milliers de coupables ! Comment donc, M. Cristophe ! voilà de la
poésie, du romantique même ; je ne m'étonne plus
maintenant de la sagesse de votre système et de l'é-
clat de vos comparaisons. » — « Eh bien ! puisque
vous êtes content, monseigneur, je vous dirai qu'outre ces inconvéniens, les prohibitions en amènent encore d'autres, qui, sans avoir la même gravité, n'en
sont pas moins anti-sociaux, comme dit mon cousin,
et contraires à la dignité d'un grand royaume et d'un
peuple placé en première ligne sur l'échelle de la ci-

vilisation. » — « Comment cela, M. Cristophe ? »

— « Quoi ! vous ne savez pas, monseigneur ? Je me suis laissé dire qu'autrefois quand les corsaires algériens, tunisiens et maroquins, s'étaient emparés de quelque chrétien, ils avaient soin, après avoir pris sa bourse, de le tâter de la tête aux pieds pour s'assurer s'il n'avait pas sur lui quelque chose qui fût encore bon à prendre ; eh bien ! excellence, c'est ainsi que nous accueillons tout étranger qui se présente chez nous, soit par terre, soit par mer, à pied, à cheval, en équipage ou en omnibus ; nous avons même perfectionné l'opération, et nous sommes sous ce rapport plus Turcs que les Turcs eux-mêmes, car ils ne fouillent pas les femmes, et nous, monseigneur, en l'honneur des prohibitions, nous les écorcherions volontiers. Or donc, quand un individu qui voyage met le pied sur le sol de la liberté et de la politesse, on commence par le prier d'entrer au corps-de-garde, ou par le pousser dedans, selon qu'il s'exécute plus ou moins philosophiquement ; et là, entre la baïonnette et le code, on lui demande s'il a sur lui quelque objet prohibé ; il répond non ; mais c'est absolument comme s'il avait répondu oui ; car on lui fait ôter tout de suite sa redingotte, s'il en a, puis on entr'ouvre son habit, puis son gilet, à peu près comme le naturaliste entr'ouvre la peau de la bête qu'il veut disséquer ; après cela, on regarde ce qu'il peut avoir entre sa chemise et son dos, entre sa perruque et sa tête ; bref, entre tout ce qui couvre et ce qui est couvert. Si c'est une femme, on n'agit pas avec moins de sollicitude, on s'assure d'abord que toutes les parties proéminentes de la surface, c'est-à-dire tout ce qui s'écarte de la ligne droite et perpendiculaire n'est pas une fraction de cette industrie étrangère qu'il est si important de re-pousser, et comme tel saisissable, en vertu des art. 1 et 2 du titre 5 de la loi du 22 août 1791. Si l'on ne trouve rien, c'est-à-dire si nul objet manufacturé n'a remplacé la matière première, en un mot, s'il est constaté que le personnel de la voyageuse n'est pas un ballot, on passe à l'inspection de son costume : on compte d'abord, après avoir consulté le calendrier, le nombre de ses jupes, pour s'assurer qu'il ne dépasse pas celui que la sai-son comporte ; puis après on examine avec un soin spécial la couture de chacun de ses vêtemens, afin d'avoir la certitude qu'ils ne sont pas seulement fau-filés, ou, pour parler par métaphore et proverbiale-ment, s'il n'y a pas là quelque malice cousue de fil blanc ; après, on examine les manches, le mouchoir,

puis les poches, s'il y en a, puis le schall, puis la
montre, puis le chapeau, puis enfin tout ce qu'on
peut examiner; ensuite on met l'individu mâle ou fe-
melle à la porte, ou on le retient au corps-de-garde
pour verbaliser au nom de la susdite loi, ou de celle
du 21 avril 1818, et à la requête de M. le conseiller
d'état, directeur général, qui haussera les épaules à
la réception du procès-verbal, ni plus ni moins que
le juge qui prononcera le jugement, le greffier qui
l'enregistrera, et que votre excellence qui l'approu-
vera, parce qu'il n'est pas un de nous qui ne sache
que cette ridicule opération, aussi pénible pour le
malheureux qui la fait, que pour le malheureux qui
la supporte, est à peu près inutile, même dans l'intérêt des prohibitions et de l'industrie, qu'elle veut
protéger; car, tandis que vous en visitez un, il en
passe cent, et l'individu que vous fouillez est ordinairement celui qui devrait l'être le moins. Ceux qui
veulent faire la fraude, n'arrivent point par les paque-
bots, par la diligence ou en équipage; ils ne se pré-
sentent pas au bureau, ils prennent les voies obscures,
ou passent à travers champs. D'ailleurs, si cette mesure, qui n'est plus qu'une picoterie de nation à nation, qu'un échange de mauvais procédés, empêche
quelques produits étrangers de pénétrer chez vous,

elle arrête également les produits indigènes qui seraient entrés chez l'étranger, et, en mécontentant tout
le monde, elle dispose tout le monde à excuser la
fraude, à la favoriser, même à la faire; et peut-être
la filtration serait-elle moins considérable, si l'on se
contentait de la parole du voyageur. Mais, dût-il passer quelques centaines d'aunes d'étoffes de plus, cela
serait certainement moins contraire à l'ordre, et moins
nuisible à la masse, que le moyen employé pour l'empêcher. On ne gagne jamais rien à dégrader l'huma-
nité, et ce qui en tout pays serait une turpitude, ne
peut être utile nulle part. »

— « Ah! je vois, mon cher monsieur, que vous
demandez le beau idéal du gouvernement représentatif, la liberté par excellence; et comme MM. tels
et tels, vous anathématisez tarifs, formalités, gendarmes, douaniers, gardes champêtres, et tous les
agens plus ou moins féroces de la tyrannie. »

— « Quant à cela, non, monseigneur; je veux des
gardes champêtres pour chasser de mes vignes les
grives et les moineaux. Je veux des gendarmes, parce
que j'ai peur des voleurs; je veux des douaniers, parce
qu'il faut bien quelqu'un pour défendre nos frontiè-
res et nos côtes, et que mon cousin, tout en repous-
sant les prohibitions, les tarifs prohibitifs, les visites

dans les poches et les saisies sous la chemise, veut qu'il y ait des droits et des receveurs ; il dit qu'il est des mesures d'ordre qui sont la première garantie de la liberté du commerce, et sans lesquelles elle ne peut exister ; que la liberté n'est ni la licence ni la fraude ; qu'elle ne doit blesser les intérêts de personne : par conséquent, pour qu'elle se maintienne, qu'il faut que le gouvernement ait assez de force pour faire respecter les droits de chacun, protéger le faible, prévenir les abus, et assurer la rentrée des impôts nécessaires pour administrer. J'ajouterai que si j'ai un cousin receveur, j'en ai deux douaniers ; l'un est un ancien vigneron comme moi, qui a fait une rude guerre à l'Angleterre, et cependant que les Anglais honorent comme nous l'honorons. L'autre a aussi terriblement travaillé pour faire pousser les vignes, et il a plus de science et d'esprit dans son petit doigt, que moi dans toute ma personne ; par conséquent, monseigneur, ne disons pas de mal des douaniers, tant pour ces raisons, que pour une autre encore, à moi connue. »

— « Allons, allons, M. Cristophe, je vois que vous êtes un homme pacifique au fond, que vous voulez que tout le monde vive, mange... » — « Et boive surtout, monseigneur, car je suis vigneron. » — « Puisqu'il en

est ainsi, mon honorable ami, je n'ai plus qu'une lé-
gère observation à vous soumettre.

« Vous, M. Cristophe, vous qui faites partie
de cette classe intéressante, dite contribuable, qui,
selon vous, paie toujours et ne reçoit jamais, vous
devez le savoir mieux que personne : ce que l'un a
de plus, l'autre l'a de moins ; le centime additionnel,
que vous donnez au percepteur, sort de votre poche
à l'instant qu'il entre dans la sienne ; le verre de
vieux vin qu'avale le commis, pour voir plus clair
dans votre cave, ne vous égaie jamais le cœur ; quand
vous avez donné les deux ailes d'une volaille à vos
convives, vous êtes obligé de manger la cuisse. Vous
conviendrez donc que ce qui profite à l'un ne peut
profiter à l'autre ; que deux plaideurs ne peuvent gagner le même procès ; qu'une portion divisée en
deux ne fait que deux demi-portions ; qu'un champ
qui nourrit une personne n'en peut nourrir deux ;
enfin, qu'en dépit du proverbe, quand il y en a
pour trois, il n'y en a pas pour quatre. Il n'est qu'une
masse de production et de substance sur la terre ; lorsqu'elle a produit tout ce qu'elle peut produire, il est
absolument impossible qu'elle produise rien de plus,
l'industrie a ses limites comme toute chose ; il n'y a
donc qu'un certain nombre de parts divisibles. La

différence de force d'une nation à une autre est l'iné-
galité de parts. L'industrie est essentiellement mili-
tante, conquérante. Quand un peuple s'enrichit,
il faut qu'un autre peuple perde. Si donc l'un attire
à lui toutes les parts, les autres mourront de faim. »

A ces mots, M. Cristophe fit entendre quelque
chose qui ressemblait à un rire étouffé, et son Excellence lui demanda ce qu'il avait. « Ah! monseigneur,
permettez-moi de faire comme mon cousin. Quand
je lui ai dit cela, il m'a assuré que je raisonnais à
faire tourner mon vin, fût-il de l'année de la co-
mète. » Alors M. Cristophe, poli comme un vigneron, se dilata la rate à son aise, après quoi il
ajouta : « Voilà ce que mon cousin m'a répondu :

« Si la terre est un gâteau tout pétri, tout cuit,
tout prêt à manger, dont chacun coupe le plus gros
morceau qu'il peut, et dont il ne reste rien quand
chacun a mangé sa part, l'observation est juste;
mais la terre ne se mange pas : ainsi le sol n'est rien,
le travail est tout : le gâteau n'est que le produit du
travail, il n'est bon à manger que lorsqu'on l'a pétri, et il grossit à proportion des bras qui le pétris-
sent; si vous empêchez votre voisin de pétrir, et s'il
vit, c'est que vous pétrissez pour lui; laissez-le
donc travailler, puisque le gâteau grossira par son

travail, puisque sa part ne diminuera pas la vôtre, puisqu'au contraire, en échangeant une portion de sa part contre une portion de la vôtre, il mettra de la variété dans votre nourriture, et qu'il travaillera pour vous comme vous travaillerez pour lui.

« Ce qu'une nation a de plus, l'autre l'aurait de moins, si la terre avait produit tout ce qu'elle peut produire, et si elle avait justement le nombre d'hommes qu'elle peut nourrir; mais jusqu'à présent elle n'en contient que la millionième partie; c'est un bois qui n'a qu'une fourmillière. Chaque homme a donc encore un million de fois plus de terrain qu'il ne lui en faut pour travailler et vivre. Pour qu'il soit riche, il n'est donc pas nécessaire que son voisin soit pauvre. Deux négocians font le commerce, deux propriétaires cultivent leurs champs, deux manufacturiers fabriquent. Quand l'un gagne, ce n'est pas une raison pour que l'autre perde; au contraire, la ruine de l'un entraîne souvent la ruine de l'autre; l'un cesse de travailler, cela peut empêcher l'autre de travailler, et s'ils se battent pour savoir à qui travaillera, ni l'un ni l'autre ne travailleront. Plus il y a d'hommes, plus il y a de travailleurs, et plus la masse de substance augmente; car chaque homme peut produire plus de substance qu'il n'en faut pour la nourriture d'un homme, et la preuve est que les femmes, les enfans, les vieillards et tous les êtres qui ne produisent rien, vivent. Dès qu'il y a un homme qui travaille, il y a donc par cela même, au moins, une part de plus.

« Qu'on vous donne un terrain de plusieurs lieues à la condition que vous le cultiverez seul, c'est absolument comme si l'on ne vous donnait que la part que vous pouvez cultivez seul. Il faut pour que le terrain produise, pour qu'il ait de la valeur, que vous puissiez faire travailler les autres : c'est donc le travail seul qui fait la valeur du sol, et toute portion du sol hors de proportion avec le nombre d'hommes, n'a aucune valeur ; les hommes sont donc la vraie richesse de la terre. »

Ici M. Cristophe voulut établir une assimilation géométrique ; mais, perdant la mémoire, il s'embrouilla tellement dans les figures, la substance et les individus, que son excellence le compara fort ingénieusement à un poulet pris dans les étoupes : aussi le rédacteur, ne sachant pas précisément ce qu'il voulait dire, imitera l'exemple des poètes modernes et laissera des lignes en blanc avec des points.

. . . .

. . . .

. . . .
. . . .
. . . .
. . . .
. . . .
. . . .
. . . .
. . . .
. . . .
. . . .
. . . .
. . . .
. . . .

« Un peuple dont le sol est fertile, continua
M. Cristophe, a certainement un grand avantage
sur celui dont le sol ne produit rien ; cependant, si
le premier travaille peu, si le second travaille beaucoup, ce dernier sera plus riche que le premier. Un
peuple riche en terre a sur le peuple pauvre de sol,
l'avantage du riche fermier sur un paysan qui n'a
rien ; le fermier fait faire au paysan, en le payant,
le travail qu'il pourrait faire lui-même s'il aimait
mieux ne pas payer ; c'est une transaction libre qui

convient à tous deux. Le paysan travaille et vit, le fermier paie et se repose ; mais il est certain que si le fermier paie et se repose toujours, si le paysan travaille et reçoit toujours, il viendra un temps où le fermier sera le paysan pauvre et le paysan sera le fermier riche ; par conséquent, l'industrie est une plus grande source de prospérité que le sol même, puisqu'avec l'industrie on finit par acquérir le sol ; la force peut le faire conquérir, mais le travail seul peut le faire conserver. Si le peuple, conquérant propriétaire, ne travaille pas, il est évident que, consommant toujours et payant toujours ce qu'il consomme, dépensant et n'acquérant pas, il sera un jour, comme le fermier que nous venons de citer, dépossédé du sol ; ce n'est donc pas le sol, mais le travail qui fait la force et la richesse d'une nation, qui assure sa durée et son avenir.

« La nation la plus industrieuse étant la plus heureuse et la plus stable, et cet état étant toujours la suite de son industrie (j'entends par industrie l'agriculture, les manufactures et le commerce), le gouvernement doit laisser prendre au travail tout le développement dont il est susceptible ; et le seul moyen, je ne puis trop le répéter, est de faciliter les communications avec toutes les nations et notamment avec les plus industrieuses. La France fabrique-t-elle moins bien depuis 1814, c'est-à-dire depuis qu'elle a plus d'échanges, qu'elle a des communications plus fréquentes avec l'Angleterre? On me dira que l'Espagne, le Portugal ont vu décroître journellement leur industrie; mais est-ce à cause de leurs relations avec l'extérieur? ou des institutions vicieuses de leur pays? Est-ce à cause de l'entrée des marchandises étrangères? ou parce que, chez eux, le travail est découragé et la fainéantise en honneur? Est-ce à cause de l'absence des prohibitions? ou parce que le désordre et la paresse frappent de stérilité la terre la plus fertile; ou parce que nul ne plante où il n'est pas sûr de récolter, et que rien ne vient bien sur le sol où règnent l'arbitraire et l'intolérance?

« Donnez à l'Espagne, au Portugal un bon gouvernement, des institutions stables, une liberté raisonnable; cessez de nourrir les paresseux du labeur de ceux qui ne le sont pas: tout le monde travaillera et perfectionnera. S'ils ne font pas ce que font la France et l'Angleterre, ils tireront parti d'un climat créateur, ils produiront de l'huile, du vin, du coton, du riz, etc. Si, dans ce moment, la moitié de leurs terres est en friche, ce n'est certainement pas le drap, les rasoirs, les mousselines, les dentelles, les toiles que vous leur vendez qui les empêchent de les cultiver, et jamais il ne viendra dans l'idée à personne de leur porter de l'huile et du vin pour les empêcher de planter des oliviers et des vignes.

« Soyons donc bien convaincus que, si l'on fabrique mieux en France et en Angleterre qu'on ne le faisait autrefois, ce n'est point par suite des prohibitions, mais malgré les prohibitions; et si les prohibitions y eussent été utiles, l'intérêt particulier les aurait produites plus sûrement que les lois et les tarifs. L'intérêt est la meilleure ligne de douane; il prohibe toujours pour chacun ce qui le froisse, ce qui lui est préjudiciable. Si je n'ai pas de profit à acheter ou à vendre, je n'achèterai point et ne vendrai point : il n'est pas besoin de prohitions pour cela; la défense dans une pareille circonstance ne sert qu'à me tenter, m'abuser, à me faire voir un avantage où il n'y en a pas, et, par une contradiction naturelle à l'esprit humain, à me pousser vers une chose à laquelle je n'aurais peut-être pas pensé si elle n'eût été défendue. De la difficulté d'obtenir naît le désir de posséder. La défense fait souvent la vogue et la valeur; mais cette valeur ne pouvant toujours couvrir les risques que court le fraudeur, et la vogue cessant dès que la rareté cesse, les spéculations de contre-

bande, nuisibles au fisc et au pays, le sont plus encore à celui qui les entreprend, en l'entraînant tôt
ou tard à sa perte. Renoncez donc à toute prohibition ; réduisez à une juste proportion tous les droits
qui arrêtent la consommation chez vous et chez l'é-
tranger ; laissez tout recevoir, tout produire, et disposer librement de ce qu'on produit ; en un mot,
ouvrez toutes vos portes et ouvrez-les à tout le
monde.

« En agissant ainsi, vous forcerez les peuples qui
sont en relation avec vous à faire de même ou à cesser ces relations. S'ils viennent chez vous, c'est pour
apporter ou chercher quelque chose ; s'ils apportent,
il faut qu'ils prennent quelque chose en retour, et
vous ne leur donnez que ce que vous avez intérêt à
leur donner ; s'ils viennent chercher, il faut qu'ils
vous laissent quelque chose en paiement, et personne ne recevra que ce qui lui sera utile, car nul
n'échange ce qui lui sert contre ce qui ne lui sert
pas. Pour recevoir tout ce que l'on veut, il faut
donner tout ce que les autres veulent ; c'est-à- dire,
pour avoir le choix, il faut laisser le choix. Par
conséquent, ils vous donneront ce que vous voulez
ou ne recevront pas ce qu'ils voudront ; et comme
ils ne viendront pas pour recevoir ce qu'ils ne veu-

lent pas, et encore moins pour ne rien recevoir, ou ils feront comme vous, ou ils resteront chez eux, et s'ils viennent chez vous c'est parce qu'ils font comme vous.

« La question est la même quand vous allez chez eux ; ils ne peuvent pas vous fermer leurs portes parce qu'ils perdraient le bénéfice qu'ils font sur ce que vous venez acheter ou vendre, et qu'ils renonceraient ainsi à une partie de leur industrie ; si vous allez chez eux, c'est comme lorsqu'ils viennent chez vous pour y porter ou y chercher quelque chose ; si vous y portez quelque chose, c'est qu'ils le reçoivent ; s'ils le reçoivent, c'est qu'ils perdraient à ne pas le recevoir. Or, s'ils ne vous donnent pas ce que vous voulez, vous ne leur donnez pas ce qu'ils vous demandent ; donc, s'ils choisissent chez vous, vous choisirez chez eux, si vous ouvrez tout, il faut qu'ils ouvrent tout.

« J'ajouterai qu'en ouvrant nos ports nous y attirons toutes les nations, si ce n'est pour y prendre nos produits, au moins pour nous apporter les leurs : on va toujours de préférence où il y a le plus à vendre et à acheter. Si les autres veulent qu'on aille chez eux, il faudra bien qu'ils offrent les mêmes facilités. Un marchand ouvre une boutique ; il y expose toute espèce de produits ; il dit qu'il recevra en échange de l'argent et un certain nombre de denrées. Si un autre marchand, son voisin, ouvre une boutique semblable et dit qu'il recevra en échange de l'argent et toute espèce de produits et de denrées, il est certain que le second attirera dans sa boutique plus de chalands que le premier ; il est également sûr qu'il aura plus de chances que son voisin pour gagner et qu'il n'en aura pas plus pour perdre ; car on lui proposera plus de marchés qu'à son voisin, et cependant, comme son voisin, il n'acceptera que ceux qui lui présenteront un avantage. On ne risque donc rien à laisser une liberté entière au commerce, puisque la réciprocité en est la conséquence, et que nous n'en userons qu'autant qu'elle nous sera profitable ; nous donnerons toujours ce que nous avons pour ce que nous n'avons pas, toujours ce que nous avons de trop pour ce dont nous avons besoin. »

, M. Cristophe en était là, lorsque, dans un coin, un ronflement bien caractérisé se fit entendre. Or, voyez l'influence des petites choses sur les grandes : cela déconcerta tellement notre vigneron, qu'il lui fut impossible de continuer. Il s'aperçut alors que son excellence était profondément endormie. Prenant doucement son chapeau, il sortit sur la pointe des pieds et retourna à ses vignes; et son excellence, à son réveil, ordonna un nouveau rapport sur l'utilité des prohibitions.

TABLE GÉNÉRALE

DES MATIÈRES.

FIN DE LA TABLE.

La 3ᵉ partie de l'*Opinion de M. Cristophe*
est sous presse.

La 2ᵉ partie se trouve chez les mêmes Libraires.

IMPRIMERIE ET FONDERIE PINARD,
RUE D'ANJOU-DAUPHINE, N° 8.

www.ingramcontent.com/pod-product-compliance
Lightning Source LLC
LaVergne TN
LVHW020211030726
842520LV00003B/998